Como empreendedor e cristão, fico fe
que levem ao crescimento pessoal. Es
estimular o leitor à excelência na vi
aborda tudo que um trabalhador precisa saber e ia..
em sua atividade. É leitura recomendada tanto a iniciantes como a
profissionais experientes: aos mais novos, porque poderão começar
do jeito certo; aos veteranos, pelo encorajamento para mudar de
atitude, se necessário.

REINALDO MORAIS
Empresário do agronegócio e presidente do frigorífico Suinobras

A beleza dos princípios bíblicos é que eles funcionam a despeito
da crença de quem os pratica, pelo fato de serem estabelecidos por
quem é o doador da vida. Rodney Betetto, de forma honestamente despretensiosa, partiu desses princípios eternos para iluminar o
mundo do trabalho, normalmente competitivo, desleal e cheio de
desencontros. Quanto mais me aprofundo nesse universo trabalhista,
mais me convenço de que as bases estruturais estão nesses princípios
eternos, tão bem trabalhados pelo autor neste livro.

MARCELO AUGUSTO SOUTO DE OLIVEIRA
Desembargador federal da Justiça do Trabalho

Um dos grandes desafios para os cristãos é o de serem coerentes com
os ensinos da Bíblia. Muitos, por exemplo, consideram a vida pessoal e a profissional como duas instâncias separadas. Com este livro,
Rodney Betetto conseguiu, de forma compacta e prática, apontar
os caminhos para uma vida plena no âmbito profissional. As lições
constituem um roteiro que, se aplicado pelo leitor, irá assegurar o
sucesso no trabalho. Portanto, boa leitura e boa prática!

CARLOS FERNANDO DAMBERG
Profissional das áreas de Recursos Humanos,
Gestão e Logística e escritor

RODNEY LEANDRO BETETTO
COM CARLOS EDUARDO FERNANDES

LIÇÕES DA BÍBLIA

COMO OS ENSINAMENTOS BÍBLICOS PODEM AJUDAR
VOCÊ A VENCER OS DESAFIOS PROFISSIONAIS

PARA O SUCESSO NO TRABALHO

mundocristão
São Paulo

Copyright © 2018 por Rodney Leandro Betetto
Publicado por Editora Mundo Cristão

Os textos das referências bíblicas foram extraídos da *Nova Versão Transformadora* (NVT), da Editora Mundo Cristão, salvo indicação específica. Usado com permissão da Tyndale House Publishers, Inc. Eventuais destaques nos textos bíblicos e citações em geral referem-se a grifos do autor.

Todos os direitos reservados e protegidos pela Lei 9.610, de 19/02/1998.

É expressamente proibida a reprodução total ou parcial deste livro, por quaisquer meios (eletrônicos, mecânicos, fotográficos, gravação e outros), sem prévia autorização, por escrito, da editora.

CIP-Brasil. Catalogação na publicação
Sindicato Nacional dos Editores de Livros, RJ

B352L

    Betetto, Rodney Leandro
    Lições da Bíblia para o sucesso no trabalho : como os ensinamentos bíblicos podem ajudar você a vencer os desafios profissionais / Rodney Leandro Betetto, Carlos Eduardo Fernandes. - 1. ed. - São Paulo : Mundo Cristão, 2018.
    160 p. ; 21 cm.

    ISBN 978-85-433-0334-5

    1. Trabalho - Aspectos religiosos - Cristianismo. 2. Ética na Bíblia. 3. Sucesso - Aspectos religiosos - Cristianismo. 4. Comportamento organizacional - Aspectos religiosos - Cristianismo. I. Fernandes, Carlos Eduardo. II. Título.

18-50778

CDD: 248.88
CDU: 27-584-057.1

Categoria: *Autoajuda*

Publicado no Brasil com todos os direitos reservados por:
Editora Mundo Cristão
Rua Antônio Carlos Tacconi, 79, São Paulo, SP, Brasil, CEP 04810-020
Telefone: (11) 2127-4147
www.mundocristao.com.br

1ª edição: setembro de 2018

À minha esposa, Jussara, por quem nutro eterna paixão e que me ensinou a andar com Deus.

Sumário

Agradecimentos	9
Prefácio	11
Introdução	13
1. Cumpra suas obrigações	15
2. Empreenda!	18
3. Use e abuse da criatividade	21
4. Conte até dez... ou mais	24
5. Jamais tenha pena de si mesmo	27
6. Ajude e aceite ajuda	30
7. Cuidado com os julgamentos	33
8. Compartilhe o conhecimento	36
9. Não desista ante as dificuldades	39
10. Administre bem o tempo	42
11. Faça autoavaliações constantes	45
12. Valorize a meritocracia	48
13. Divida para multiplicar	51
14. Ponha-se em seu lugar	54
15. Rejeite a bajulação	57
16. Desenvolva sua inteligência emocional	59
17. Tenha disciplina	62
18. Cultive a credibilidade	65
19. Saiba identificar a hora de sair	67
20. Tenha compromisso com a verdade	69
21. Cultive a resiliência	71
22. Organize-se com rigor	74
23. Tire lições das derrotas	77
24. Aprenda a ser versátil	79
25. Comprometa-se com seu trabalho	82
26. Não tenha medo de recomeçar	84

27.	Invista na sustentabilidade	87
28.	Comunique-se com clareza	90
29.	Quebre barreiras interpessoais	93
30.	Combata injustiças com serenidade	96
31.	Planeje a médio e longo prazos	98
32.	Desenvolva visão holística	101
33.	Não se deixe levar pelas aparências	103
34.	Descanse com regularidade	106
35.	Valorize o trabalho em equipe	109
36.	Saiba liderar e ser liderado	112
37.	Seja leal a chefes e colegas	115
38.	Não desperdice as oportunidades	118
39.	Saiba qual é o seu papel	121
40.	Desenvolva sua espiritualidade	124
41.	Identifique e elimine os obstáculos	126
42.	Seja arrojado	129
43.	Busque a sabedoria	132
44.	Melhore a cada dia	134
45.	Dê a si mesmo o direito à dúvida	136
46.	Jamais negligencie a segurança	138
47.	Capacite-se continuamente	141
48.	Receba bem as críticas	143
49.	Em vez de reclamar, proponha soluções	145
50.	Valorize a experiência	148
51.	Seja competitivo, mas ético	150
52.	Rejeite a acomodação	153
Sobre os autores		157

Agradecimentos

A Deus, pela iluminação, pelas instruções e por nos proporcionar condições de compartilhar ensinamentos que dignificam o trabalho e mostram ser possível obter satisfação e prazer em uma ocupação digna.

À minha família, apoio e base de sustentação que me mantém firme.

A todos os colaboradores e gestores com quem tenho a honra de trabalhar.

À Editora Mundo Cristão e toda a sua equipe, pela excelente produção, honrando sua posição como uma das melhores publicadoras do nosso país.

De maneira particular, à Yara Garms Cavlak, merecedora de toda minha admiração e todo meu carinho, e sua família. Foi por meio de um *insight* que ela se tornou nossa maior incentivadora.

Ao Guther Faggion, que, assim como Yara, não mediu esforços para o surgimento desta obra, demonstrando capacidade e profissionalismo exemplares.

A você, por despender um pouco do seu precioso tempo nesta leitura.

Prefácio

É triste que muitas pessoas considerem seu trabalho um fardo pesado, como uma espécie de maldição a ser carregada por décadas a fio. Trata-se de uma compreensão equivocada, reducionista e, diria eu, pecaminosa. Afinal de contas, o trabalho é um meio para prover o nosso sustento, viver com dignidade e transformar o mundo, não só crescendo e prosperando como, também, ajudando os necessitados. Sim, podemos criar novas realidades por meio do nosso trabalho!

Suar faz bem, e é melhor viver do nosso suor do que da transpiração alheia: nosso trabalho duro e honesto nos traz dignidade, autoestima, respeito, independência, liberdade e aprendizado, entre muitas outras coisas boas. Por isso, ler os originais deste livro me trouxe enorme alegria. É uma obra de leitura agradável, bem escrita e fundamentada nas questões bíblicas e profissionais.

Como é bom encontrar pessoas que compartilham uma história tão bonita e alicerçada em conceitos tão poderosos! Eu gostaria de ter lido este livro uns vinte ou trinta anos antes; tenho certeza de que estaria ainda melhor do que estou hoje.

Esta obra contribuirá para quebrar paradigmas equivocados em relação à vida profissional. São 52 lições (não por coincidência, uma para cada semana do ano), nas quais o autor aborda temas diversos e inspiradores sobre o trabalho. Certamente, ninguém mais verá seu emprego da mesma forma depois de ler a obra. Por isso, feliz é aquele que fizer do livro de Betetto uma espécie de manual de orientação profissional.

Elaborado com a legitimidade de quem é um profissional dedicado, cuja carreira foi construída com muito esforço pessoal, renúncias e perseverança, este é um livro desafiador, que nos exorta a olhar o colega da mesa ao lado como um amigo, e não um concorrente; a exercer nossas tarefas como uma espécie de sacerdócio, por meio das quais podemos liberar bênçãos para nós e para os outros; e a enxergar a carreira como uma caminhada de fé e labor, na qual o salário é tão importante quanto a maneira como acordamos, toda manhã, para mais um dia de trabalho.

Como juiz federal, escritor e palestrante, tenho tido a oportunidade de, por meio do meu trabalho, interferir na vida de muitas pessoas. É gratificante saber que, após uma audiência, um livro publicado ou uma conferência, alguém conquistou seus objetivos, vislumbrou novas possibilidades ou, simplesmente, renovou as esperanças. Estou convencido de que Rodney Betetto cumpre o mesmo papel com seu livro.

Se, durante ou após a leitura, você se sentir motivado a atitudes como trabalhar com mais dedicação ou ser mais rigoroso em relação à ética profissional, este livro terá atingido plenamente o seu objetivo. Sim, porque, além de inspirar, esta obra fornece ferramentas e sugere rumos para que tais objetivos se concretizem na sua vida.

Parabéns ao autor e, também, à Editora Mundo Cristão, que, mais uma vez, contribui para o crescimento das pessoas e da sociedade. Por fim, parabéns a você, que, ao ler este livro, crescerá em conhecimento e capacidade para aproveitar a vida, o trabalho e as oportunidades que temos, todos os dias, para transformar nossa realidade.

WILLIAM DOUGLAS
Juiz federal, professor, escritor e conferencista

Introdução

Este livro nasceu de maneira despretensiosa, a partir de breves meditações diárias que envio aos colaboradores da empresa em que trabalho, grupo cujos donos adotam a Bíblia como parâmetro para reger as relações éticas no dia a dia do trabalho.

A adesão a essas meditações tem sido extraordinária. Desde funcionários de níveis operacionais até os altos executivos e membros do Conselho me dão *feedback* positivo e incentivo para continuar, sem distinção entre protestantes, católicos ou adeptos de outros credos.

Nos meus estudos da Bíblia Sagrada, fui percebendo passagens que abordavam temas que poderiam, facilmente, ser relacionados aos preceitos da administração moderna e, consequentemente, do mercado de trabalho. Desse modo, fui buscando, ao longo do tempo, temas de interesse geral e até situações que refletem o momento de nosso país.

Escolhemos 52 temas, que se encaixam em áreas tais como empreendedorismo, comunicação, trabalho em equipe, planejamento, organização, capacitação, disciplina e muitos outros. Entram na lista, também, temas caros à governança corporativa do século 21, como sustentabilidade, resiliência, empregabilidade e *feedback*. Eles foram idealizados de maneira que você possa meditar em um tema por semana, ao longo das 52 semanas do ano.

Esse olhar sobre a Bíblia certamente surpreenderá muitas pessoas, dada a multiplicidade de histórias, passagens, parábolas e anedotas que podem encontrar paralelos no trabalho nos dias de hoje. Vale citar aqui o conselho do sogro de Moisés, que o orientou a delegar tarefas e aliviar sua carga de responsabilidade na condução do povo de Israel rumo à terra prometida. Ou seja, esse tema, que hoje é objeto de cursos de aprimoramento de gestão corporativa, já estava presente na visão de administração daquele homem 3.500 anos atrás.

Tenho a convicção de que, se você observar o conjunto de princípios que reunimos nesta obra, sua vida profissional será grandemente abençoada. E, certamente, isso terá um grande impacto no seu nível de empregabilidade ou no sucesso de seu empreendimento.

Ressalte-se que tais resultados não têm nada a ver com milagres. Trata-se de entender que a conduta ética, a postura humilde, a persistência diante da adversidade, a prevalência da verdade sobre a mentira, a sabedoria de ouvir conselhos, o investimento em capacitação, o domínio do temperamento, o prazer em servir, a ambição comedida e o respeito pelas pessoas vão garantir uma vida plena no trabalho.

Independente da atividade profissional que você exerça, é possível encontrar satisfação, alegria e recompensa no seu trabalho — algo que, mais do que dinheiro, fama ou reconhecimento, é o demonstrativo do verdadeiro sucesso profissional!

1
Cumpra suas obrigações

Por acaso estou dizendo que a lei de Deus é pecaminosa? Claro que não! Na verdade, foi a lei que me mostrou meu pecado. Eu jamais saberia que cobiçar é errado se a lei não dissesse: "Não cobice".

Romanos 7.7

Cada nação tem seu próprio conjunto de normas e leis para assegurar os direitos e as obrigações de seus cidadãos. Desde o início da civilização, os homens perceberam que não conseguiriam viver em sociedade sem que houvesse regras a nortear o comportamento de cada um. Um dos mais antigos conjuntos de normas conhecidos é o Código de Hamurabi, que vigorou na Mesopotâmia por volta de 1800 a.C. Entre muitos princípios, ele estabelecia a chamada lei de talião, isto é, olho por olho, dente por dente. Mais tarde, com a organização dos Estados, criaram-se as constituições, que regulam desde a ação dos governos até aspectos da vida dos cidadãos.

Contudo, apenas publicar as leis e torná-las conhecidas por todos não garante que serão obedecidas, pois elas implicam limites e tudo que é proibido acende a "lâmpada do desafio" no coração humano. Quem já conviveu com crianças sabe que, desde tenra idade, elas resistem às regras mais simples. Ninguém as ensinou a serem desobedientes, mas basta que o adulto desvie sua atenção que elas tendem a fazer o contrário do que lhes foi ordenado. É como se o ser humano já nascesse com uma espécie de gene da insubordinação.

Isso significa que a lei é algo ruim? De modo nenhum. O apóstolo Paulo, um dos principais escritores do Novo Testamento, debate o tema em Romanos. Ele discorre sobre um assunto bem conhecido pelos cristãos de Roma, já que, na capital do Império, todo cidadão era submetido à rigorosa vigilância de seus atos e eventuais transgressões. Paulo destaca a importância da lei, ou seja, de um instrumento que defina, de maneira clara, o que se pode ou não se pode fazer. Afinal, ele só conheceu a cobiça quando a lei divina lhe disse: "Não cobice". Ou seja, graças à lei, o apóstolo enxergou que a ambição desmedida é um pecado.

O próprio Paulo, em outro trecho do Novo Testamento, assinala esse conflito inato do ser humano. Muitas vezes, fazemos o que não devemos e, em contrapartida, aquilo que desejamos fazer, sabendo ser a coisa certa, é justamente o que não conseguimos cumprir: "Quero fazer o bem, mas não o faço. Não quero fazer o que é errado, mas, ainda assim, o faço" (Rm 7.19). O apóstolo destaca, com isso, a importância da lei.

Todavia, como respeitar a lei quando ela contraria nossos interesses e desejos? Há muitas maneiras de fazer a coisa à nossa maneira, inclusive no ambiente de trabalho, quando ninguém está vendo ou quando nossa função nos dá poder de decisão. Ora, nessas situações, sigamos o exemplo de Jesus Cristo. Ele, que em seu ministério terreno era plenamente humano, foi tentado das mais diversas maneiras, mas não se deixou vencer por nenhuma das ofertas pecaminosas que recebeu, pois Deus dirigia seus passos. E ele também pode dirigir os nossos caminhos, dando-nos sabedoria para entender que mais vale cumprir as regras do que burlar as obrigações, pondo essa atitude em prática em cada circunstância de nossa vida.

Em sua vivência profissional, você já deve ter cumprido uma ou muitas obrigações a contragosto. Agora mesmo, pode estar sendo seduzido a não obedecer a determinada regra em busca de alguma vantagem. Porém, já pensou como seria se todos os seus colegas decidissem fazer apenas o que desejam ou entendem como certo?

O desrespeito a uma obrigação por parte de um funcionário pode significar a violação ao direito de outro; e a satisfação individual de todos, muitas vezes, leva ao fracasso do interesse comum.

Os Dez Mandamentos, conjunto de regras estabelecidas por Deus, resumem os princípios divinos para o relacionamento das pessoas com o Eterno e umas com as outras. Há leis espirituais — como não adorar outro Deus senão Jeová e não tomar o nome do Altíssimo em vão — e regulamentos para a vida em sociedade. Não matar, não cometer adultério e não dar falso testemunho são alguns deles. Em toda a Bíblia, fica clara a relação de subordinação do ser humano a Deus e a necessidade de respeitar regras de convívio. Jesus mostrou, na prática, como cumprir cada uma dessas leis e resumiu todas elas num só princípio: amar a Deus e ao próximo como a nós mesmos.

Conheça bem aquilo que se espera de você e fique atento aos regulamentos da instituição onde você trabalha. Desempenhe as funções com integridade, exerça os direitos com lisura e cumpra as obrigações à risca. Dessa forma, você construirá uma boa reputação profissional, capaz de levá-lo adiante na carreira ou abrir-lhe novas portas de oportunidades.

2
Empreenda!

*Então lhes contei como a mão de Deus tinha estado
sobre mim e lhes relatei minha conversa com o rei. Eles
responderam: "Sim, vamos reconstruir o muro!",
e ficaram animados para realizar essa boa obra.*

Neemias 2.18

Empreendedorismo, palavra tão em moda nos dias de hoje, é a capacidade de criar e executar negócios ou estratégias partindo, muitas vezes, do zero. O empreendedor é aquele que tem iniciativa, busca a realização de seus objetivos e é dotado de visão, mesmo diante das maiores dificuldades. No Brasil contemporâneo, nunca se precisou tanto de empreendedores. Isso porque, em contextos de crise, a coragem de se lançar em busca de oportunidades é uma das únicas saídas para o desemprego e a saturação dos mercados convencionais.

A Bíblia, com seus textos milenares, traz vários exemplos de pessoas empreendedoras. José, por exemplo, diante do anúncio divino de que uma gravíssima escassez de alimentos se aproximava, teve a ousadia de ordenar a construção de enormes silos para a estocagem de grãos durante as safras que se sucederam por sete anos no Egito. Nos sete anos seguintes, quando nada se produziu, ele instituiu um eficiente sistema de distribuição de suprimentos que salvou o reino da fome e ainda garantiu a sobrevivência em outras nações.

Outro grande empreendedor foi Neemias, que teria vivido em meados do século 5 a.C. Com grande capacidade intelectual e administrativa, ele servia como exilado na corte do rei persa Artaxerxes, depois da conquista de Judá pelos babilônios. Neemias soube que a cidade sagrada dos judeus, Jerusalém, estava em ruínas após muitos anos de abandono. Era preciso reconstruir quase tudo, inclusive as muralhas, que estavam caídas e deixavam-na vulnerável.

Em vez de lamentar a sorte de seu povo e acomodar-se com sua posição relativamente confortável sob o domínio estrangeiro, Neemias preferiu pôr mãos à obra, tomando para si a tarefa de reedificar a cidade. Antes, porém, precisava da autorização real para levar adiante seu projeto. Neemias não apenas recebeu a permissão de Artaxerxes como ainda obteve do monarca material e recursos humanos para a empreitada. O rei, por sua vez, enxergou ali uma oportunidade: ele necessitava mesmo de alguém de sua confiança para administrar as terras entre a Síria e o Egito, então dominadas por seu império. Sendo assim, não apenas concedeu apoio ao projeto de Neemias como fez dele o governador da região hoje conhecida como Palestina.

Organizado e agregador, Neemias reuniu em torno de si um grande grupo disposto a colaborar. Além disso, estabeleceu um sistema de turnos de trabalho e equipes de segurança. Após um intenso período de labor, enfrentando riscos e privações, sua determinação valeu: os muros da cidade foram reconstruídos em tempo recorde e Jerusalém voltou a ser o centro da nacionalidade e da religiosidade de Israel.

A trajetória de heróis bíblicos como Neemias e José encontra paralelo na carreira de grandes empreendedores contemporâneos que, igualmente, registraram seu nome na história. Em 1985, um certo Steve Jobs foi afastado do comando da Apple ao defender que o grupo que ajudara a construir deveria se preparar para as rápidas transformações que estavam por vir, tornando-se uma companhia de bens de consumo. Foi um passo de ousadia, interpretado por muitos como loucura, e Jobs chegou a ser tido como um empresário liquidado. Onze anos mais tarde, porém, ele retornou à empresa, redirecionou-a e provou que não era um irresponsável, mas sim um gênio. Acabou fazendo da Apple referência mundial no mercado de computadores para uso pessoal.

Quantas vezes achamos ousadas demais, ou até mesmo tolas, algumas de nossas ideias sobre trabalho e negócios? Ou, quando acreditamos nelas, quantas vezes deixamos escapar o momento oportuno de manifestá-las a um superior, seja por timidez, insegurança ou até medo de sermos julgados como sonhadores demais? Saiba que, na história do mundo corporativo, não faltam exemplos de "lunáticos" que o tempo se encarregou de alçar ao patamar de revolucionários.

Nunca deixe de levar suas ideias adiante. Pesquise, sonde as possibilidades do mercado em que atua, converse com outros profissionais da área, avalie sua capacidade de investir e elabore um plano de ação, seja para apresentar o projeto à sua chefia, seja para implantá-lo como empreendedor individual.

A despeito da posição que ocupa na organização, um empreendedor vai além do simples desempenho de suas responsabilidades. Ele consegue inovar, propor soluções e colaborar para o crescimento da empresa. Seja ousado, mas sempre com inteligência, e suas chances de sucesso serão enormes!

3
Use e abuse da criatividade

Sei viver na necessidade e também na fartura.
Aprendi o segredo de viver em qualquer situação,
de estômago cheio ou vazio,
com pouco ou muito.
Filipenses 4.12

Muitas das mais importantes invenções e descobertas da humanidade surgiram em períodos de crise. Afinal, é nos tempos de dificuldades que as pessoas, forçosamente, têm de sair de sua zona de conforto e buscar maneiras de contornar as adversidades — inclusive, para preservar a própria vida. Foi em meio à tragédia da Primeira Guerra Mundial que o médico inglês Alexander Fleming (1881-1955), de tanto contemplar, impotente, o sofrimento dos feridos em combate, não mediu esforços em suas pesquisas até descobrir o primeiro antibiótico. Com isso, não apenas reduziu a perda de vidas por infecções, como legou à humanidade uma de suas mais poderosas ferramentas na preservação da saúde: a penicilina.

Já nos anos 1970, ocorreu a crise mundial do petróleo. Os cartéis do setor reduziram os níveis de produção e o preço do combustível disparou absurdamente no mercado internacional, abalando economias emergentes, como a do Brasil. Entre desacelerar o crescimento nacional devido à escassez de gasolina e buscar soluções, a escolha do governo foi pela segunda opção. Um grande investimento em pesquisa e infraestrutura foi feito e criou-se, então, o projeto Proálcool. A ideia era utilizar o etanol, álcool derivado da cana-de-açúcar — de largo cultivo no país desde os tempos coloniais — como combustível alternativo e renovável. Esse projeto gerou grande economia de divisas ao país, além de ter se tornado referência mundial. Até hoje, os carros movidos a álcool ou bicombustíveis são largamente produzidos pela indústria automobilística.

A criatividade é fundamental para superar momentos de crise. No meio corporativo, a capacidade de adaptação e a flexibilidade de um profissional são diferenciais que pesam a seu favor. Em Filipenses 4, Paulo demonstra sua disposição para adaptar-se a toda circunstância. O detalhe é que, na época, ele se encontrava preso pelas autoridades romanas devido à sua fé. Em vez de apenas reclamar da situação, como muitos de nós faríamos, preferiu adaptar-se a elas, buscando alternativas de melhoria.

Em outro trecho do Novo Testamento, o mesmo apóstolo descreveu uma de suas estratégias: "Quando estou com os fracos, também me torno fraco, pois quero levar os fracos a Cristo. Sim, tento encontrar algum ponto em comum com todos, fazendo todo o possível para salvar alguns" (1Co 9.22).

O importante, em tempos de crise, é ter um propósito em que se firmar. No caso de Fleming, o objetivo era descobrir um medicamento capaz de amenizar o sofrimento dos feridos de guerra. No de Paulo, a meta era a expansão da fé cristã pelo mundo. O americano Henry Ford (1863-1947), por sua vez, foi um dos maiores empreendedores da história e se tornou um magnata do setor automobilístico. Ele dizia, a respeito das crises: "Não encontre os problemas, encontre as soluções". Pois é justamente diante de necessidades que soluções até então ignoradas vêm à tona.

Uma vez fortalecidos por um propósito e determinados em cumpri-lo, não nos deixamos abater pela crise. Agindo assim, mesmo se muitas portas se fecharem, saberemos encontrar caminhos alternativos — inclusive alguns que, até então, sequer eram cogitados. A chamada economia criativa, definida pelo pesquisador inglês John Howkins como atividades nas quais a criatividade e o capital intelectual são a matéria-prima para a criação, produção e distribuição de bens e serviços, é uma proposta que ganha cada vez mais espaço.

Mantendo-se firme em seus propósitos, você terá forças para criar em tempos de crise. Em meio a dificuldades no trabalho, procure estar atento a novas oportunidades criativas que podem estar ali, bem ao seu alcance, como implantar uma forma de reutilizar material, rotinas mais objetivas no atendimento ao cliente ou maneiras de aproveitar o potencial criativo de cada funcionário.

Quem sabe, uma ideia sua possa vir a promover pequenas ou até grandes reviravoltas em seu local de trabalho? Às vezes, sugestões aparentemente simples, mas criativas, podem gerar resultados surpreendentes. Mas, se você guardar a ideia só para si, ela não servirá de nada. Vale a pena deixar o ego de lado e compartilhar o que pensa; agindo assim, tanto você quanto seus colegas e a organização de que fazem parte sairão ganhando.

4
Conte até dez... ou mais

Acalmem a ira antes que o sol se ponha.
Efésios 4.26

Martin Luther King Jr. (1929-1968), uma das personalidades mais respeitadas do século 20, disse, certa vez, que a verdadeira medida de um homem não se vê em como o indivíduo se comporta em momentos de conforto e conveniência, mas em como ele se porta em tempos de controvérsia e desafio. Ele disse isso em um contexto amplo, na época em que liderava a reação civil à discriminação racial nos Estados Unidos, mas suas palavras também se aplicam, e muito bem, ao ambiente profissional.

É natural enfrentarmos controvérsias no trabalho. Nessas ocasiões, um simples olhar atravessado pode ser o estopim para uma discussão acalorada, na qual, em vez de ideias, trocam-se farpas. Nossas opiniões tendem a cair em descrédito quando nos deixamos levar por provocações e mal-entendidos, pois o impacto do destempero pode abalar a melhor das ideias. Em outras palavras, é provável que o descontrole emocional fale mais do que as opiniões, ainda que essas sejam ótimas.

Muitos de nós já participamos de discussões ou reuniões de trabalho em que o saudável debate de ideias foi deixado de lado em nome das vontades pessoais. É o que se chama de "ganhar a discussão", quando, na verdade, em tais situações, todos saem perdendo. Não vale a pena tentar impor nossa vontade ou nossas ideias à força ou mediante o ataque ao oponente, pois o resultado dessa postura não é o convencimento dos outros, mas o constrangimento dos colegas ou subordinados.

Em ambientes competitivos, em que cada vaga ou função é disputada de maneira intensa e, por vezes, desleal, há muito jogo de interesses. A cobiça pela posição alheia ou a intenção de impressionar a chefia leva, não raro, a conflitos. Muitas pessoas não conseguem lidar adequadamente com as próprias emoções, e o que se vê são relacionamentos rompidos, crises de choro ou até enfrentamentos físicos entre colegas, o que é sempre deplorável e traz graves consequências.

Em seu livro *Tenha calma: Como lidar com a raiva no trabalho e transformá-la em resultados positivos*, a professora Vera Martins, especialista em gestão de pessoas e medicina comportamental, compara a raiva a um vírus que corrói o ambiente de trabalho. Segundo ela, a raiva, se mal resolvida, acarreta prejuízos à saúde mental e ao desempenho do trabalhador. Sucumbir à pressão com explosões de fúria é o pior que se pode fazer.

No ambiente de trabalho, corações amargurados e vingativos podem prejudicar seriamente as relações interpessoais e, por consequência, o rendimento de toda uma equipe. Pessoas com esse tipo de comportamento preferem maquinar o fracasso alheio a contribuir para o bem comum. Para não falar do efeito em cadeia: quando os mal-intencionados são maioria, se não contaminam os mais vulneráveis, no mínimo afastam aqueles que têm boa intenção. Em contrapartida, quando os corações estão limpos, concentrados na justiça, no amor e em palavras de ânimo, o ambiente torna-se agradável e produtivo.

Avalie, em si mesmo e à sua volta, os impactos causados pelo descontrole. Você já sofreu prejuízos pela raiva de alguém? Já prejudicou uma pessoa com sua ira? Será que já disse algo no calor da hora e depois se arrependeu? Se sua resposta for positiva, lembre-se: evitar esse tipo de sentimentos o tempo todo é impossível, mas vencê-los só depende de você.

Em situações tensas, nas quais o sangue, subitamente, sobe à cabeça, tente sair de cena. Dê a si mesmo um tempo para ponderar sobre a situação e, longe da pressão, pense em como tratar a questão, sem conflito. A ajuda de um terceiro, que pode ser um colega de trabalho não envolvido no assunto, pode ser importante para mediar a disputa. Em último caso, recorra ao seu superior hierárquico e, com honestidade e clareza, relate a situação, de preferência na presença da pessoa com quem você se desentendeu.

Em seus escritos bíblicos, o apóstolo Paulo chama a atenção para a necessidade de controlar a ira. Ele não fala em evitá-la; afinal, sentir raiva, de vez em quando, é um sentimento natural do ser humano. No entanto, é possível, sim, dominá-la, ou mesmo livrar-se dela. Ao dizer que devemos acalmar nossa ira "antes que o sol se ponha", Paulo cria uma bela metáfora por meio da qual entendemos que não devemos alimentar esse sentimento por muito tempo.

Diante disso, que tal procurar hoje mesmo aquele colega com quem você se indispôs e acertar os ponteiros? Acredite: por mais difícil que isso seja, resolver rapidamente problemas de relacionamento vai poupá-lo de muitos dissabores futuros.

5
Jamais tenha pena de si mesmo

A terra que atravessamos ao fazer o reconhecimento
devorará quem for morar ali! Todas as pessoas
que vimos são enormes. Vimos até gigantes, os
descendentes de Enaque! Perto deles, nos
sentimos como gafanhotos.
Números 13.32-33

Sentir-se inseguro diante de uma proposta ou um desafio é natural. Todo ser humano minimamente responsável há de pensar bem antes de dar um passo importante, que pode impactar seu futuro profissional. É preciso levar em conta as próprias dificuldades antes de tomar uma decisão. O problema é quando nos tornamos reféns da autocomiseração, isto é, ficamos estagnados por não nos dar o valor que de fato temos. Quem se deixa dominar por esse tipo de sentimento vive comparando-se aos outros, julgando-se inferior e até mesmo não merecedor de qualquer conquista.

Há um dito popular segundo o qual a grama do jardim do vizinho sempre parece mais verde do que a do nosso. Muitos olham para a família alheia e pensam que é mais feliz do que a sua. Outros comparam a posição social com a dos outros e julgam-se inferiores. Diferente daquelas frustrações momentâneas acarretadas por um revés comum da vida, a autocomiseração mina as reservas emocionais do indivíduo, que passa a ver-se como "coitado", digno de pena. Pior é quando esse comportamento paralisa a pessoa, impedindo-a de acreditar em si mesma.

Êxodo, segundo livro da Bíblia Sagrada, relata o período entre a saída dos hebreus do Egito e sua chegada a Canaã, o que teria ocorrido por volta de 1250 a.C. Aquela era a terra que fora prometida por Deus aos seus antepassados. Jeová dissera que estabeleceria seu povo em uma terra com condições excelentes de fertilidade, com tudo para fazê-los prosperar — uma terra de onde manavam leite e mel, segundo o texto bíblico.

Moisés, então, separou doze homens, cada qual de uma das tribos de Israel, e os enviou a Canaã em uma missão de reconhecimento. Sua tarefa era observar a terra, descobrir os pontos fracos de seus habitantes e apresentar um relatório, a fim de preparar a invasão e a conquista militar.

Os espiões voltaram relatando a beleza e a opulência de Canaã. Para exemplificar sua fertilidade, trouxeram um imenso cacho de uvas, que teve de ser carregado por duas pessoas. No entanto, dez daqueles homens sucumbiram ao sentimento de autocomiseração. Segundo eles, Israel não poderia tomar a terra de seus ocupantes, pois os adversários eram fortes demais. "Perto deles, nos sentimos como gafanhotos", exageraram. Apenas dois dos espiões, Josué e Calebe, voltaram confiantes em Deus e no próprio potencial, animando o povo a seguir em frente, rumo à vitória. Como prêmio, foram os únicos daquela geração a pôr os pés na terra prometida.

Por vezes, mesmo com formação e capacidade suficientes para alçar novos voos, recuamos diante de desafios profissionais ao potencializar os medos e, consequentemente, minimizar nossa capacidade. Esse sentimento nocivo atrapalha a vida e leva qualquer carreira à estagnação.

Quantas vezes você foi desafiado a fazer algo importante, mas desistiu por se sentir incapacitado, por medo, vergonha ou, até mesmo, comodismo? Quantas vezes você se sentiu derrotado simplesmente por se comparar a colegas de trabalho, com a percepção de que todos os demais são mais capazes, preparados e experientes que você? E quantas foram as ocasiões em que você foi levado a olhar para si e pensar, negativamente: "Não consigo"; "não tenho forças" ou "não estou preparado"?

Uma maneira de perceber se a autocomiseração afeta sua vida profissional é avaliar sua postura em relação a mudanças. Você resiste a elas, mesmo se pequenas? E quanto a mudanças radicais? Já recusou propostas de trabalho desafiadoras por medo de dar um passo em terreno desconhecido? Em caso positivo, procure avaliar calmamente se uma ou mais dessas recusas foi motivada por baixa autoestima. Segurança é importante quando fruto da cautela e da ponderação. Contudo, se é mera alegação para disfarçar o medo e o comodismo, algo pode estar muito errado.

Cícero (106–43 a.C.), filósofo da Roma antiga, já dizia: "Quanto maiores são as dificuldades a vencer, maior será a satisfação de superá--las". Vencer as próprias limitações faz de você um *profissional* motivado a crescer. Creia que boa parte daquilo que você considera como dificuldade nada mais é que fruto de sua insegurança.

6
Ajude e aceite ajuda

*Sendo assim, irmãos, escolham sete homens
respeitados, cheios do Espírito e de sabedoria,
e nós os encarregaremos desse serviço.
Então nós nos dedicaremos à oração
e ao ensino da palavra.*

Atos 6.3-4

Encontramos na Bíblia diversos relatos de trabalho em equipe. Um dos mais significativos diz respeito à jornada dos apóstolos de Jesus. Até se tornarem líderes da comunidade cristã, aqueles homens tiveram de enfrentar grandes dificuldades e buscar soluções para elas: havia a forte oposição das autoridades romanas, o ceticismo generalizado em relação a uma fé firmada em um líder supostamente morto e as precárias condições da época para divulgar a mensagem das boas-novas de Cristo.

Já no início da Igreja, a inexperiência entre os seguidores da fé se fazia notar nos conflitos interpessoais, na má distribuição de tarefas e na sobrecarga de ocupações. Esse último problema era consequência do aumento de fiéis, pois novas demandas de trabalho surgiam enquanto o número de apóstolos para executá-las permanecia o mesmo. De acordo com o texto de Atos 6, a solução encontrada foi designar auxiliares para o trabalho apostólico.

Foram separados, de início, sete colaboradores, os chamados diáconos, a quem foi delegada a tarefa de atender aos interesses cotidianos da comunidade, como suprir as necessidades de alimento para as viúvas da comunidade. Com isso, os apóstolos puderam se concentrar naquilo para que foram chamados, ou seja, o ensinamento da Palavra de Deus e a organização da Igreja, enquanto os diáconos cuidavam do serviço social e das demandas materiais, entre outras atividades.

Muitas vezes, acreditamos que podemos dar conta de tudo sozinhos, seja por superestimar nossa capacidade, seja por necessitar conter custos, seja por temer que outras pessoas não possam executar determinadas tarefas com a mesma competência que acreditamos possuir. Há, também, quem tema confiar funções a alguma pessoa e acabar sendo substituído por ela. Mas somente quando a qualidade do trabalho e até nossa estabilidade emocional são comprometidas é que nos damos conta do equívoco de não ter delegado responsabilidades.

Um erro que muitos de nós cometemos na carreira é querer ser o que não somos ou fazer aquilo que não nos compete. O apóstolo Paulo, escrevendo aos cristãos de Éfeso, disse que uns foram designados para apóstolos; outros, para profetas e alguns, para evangelistas, pastores ou mestres. A regra pode ser transportada da esfera religiosa para o âmbito profissional. De fato, cada um de nós tem habilidades e competências próprias. Portanto, saber reconhecer isso, designando diferentes funções a cada um de acordo com sua capacidade, é fundamental para o sucesso de um empreendimento.

Pode ser que, em determinado momento da carreira, você chegue a uma posição de chefia ou coordenação. Você é o responsável, mas pode delegar parte de suas atribuições a outras pessoas, definindo claramente o que cada uma deve fazer e o prazo estabelecido para seu cumprimento. Transferindo funções a colegas ou subordinados que sejam capazes de realizá-las, você poderá se concentrar na supervisão de sua execução e dedicar-se àquelas obrigações essencialmente executivas, livrando-se de perder tempo e energia com providências menores.

Quando se fala em gestão empresarial e liderança, alguns líderes têm o hábito de reter o conhecimento e a habilidade na execução de algumas tarefas. Talvez ajam assim por receio de perder seu cargo, ou, quem sabe, ser vistos como obsoletos; todavia, a administração moderna mostra o equívoco desse comportamento. A realidade é que, quanto mais pessoas aprenderem várias tarefas, e quanto mais o conhecimento for acessível aos membros de uma equipe, maiores serão a produtividade e os ganhos coletivos. Em outras palavras, todo mundo sairá ganhando.

Não é, portanto, inteligente guardar conhecimento, mas sim passá-lo adiante, instruindo outras pessoas. Essa prática é conhecida como *coaching*, termo de língua inglesa que hoje define uma série de práticas largamente utilizadas no âmbito do desenvolvimento pessoal e profissional.

Jesus nos ensina muito sobre isso. Ele não apenas treinava os discípulos, transmitindo-lhes sua sabedoria, como também os estimulava a realizar mais do que ele. Agora, pense nas pessoas que foram fundamentais para sua formação. Seja você também fundamental para o sucesso de alguém, e não hesite em delegar responsabilidades. Além de organizar e agilizar o trabalho, essa medida pode fortalecer as relações interpessoais e sua liderança. Esteja pronto a ensinar as pessoas e a aprender com elas. Lembre-se de que a Bíblia garante que é melhor serem dois do que um e, se um fraquejar, poderá contar com o apoio do outro.

7

Cuidado com os julgamentos

Então Jesus se levantou de novo e disse à mulher: "Onde estão seus acusadores? Nenhum deles a condenou?"
João 8.10

Certa vez, alguns mestres da lei e fariseus, os teólogos judeus da época de Cristo, levaram até Jesus uma mulher que fora apanhada em adultério. Pelas leis do judaísmo da época, as quais regiam aquele povo, ela deveria ser punida com a morte por apedrejamento. Mas, na verdade, a intenção daquelas autoridades era pôr Jesus à prova. Se por acaso ele defendesse a mulher adúltera, aquele que era tido como o Filho de Deus estaria negando a validade das leis. Se, porém, concordasse com a morte dela, seria apanhado em contradição em face da mensagem de amor e perdão que pregava.

O maior propósito daquele grupo enfurecido não era matar a mulher, mas, sim, envergonhar e "desmascarar" o Cristo. A reação de Jesus, porém, foi tão simples quanto contundente. Veja o que aconteceu:

Jesus voltou ao monte das Oliveiras, mas na manhã seguinte, bem cedo, estava outra vez no templo. Logo se reuniu uma multidão, e ele se sentou e a ensinou. Então os mestres da lei e os fariseus lhe trouxeram uma mulher pega em adultério e a colocaram diante da multidão.

"Mestre, esta mulher foi pega no ato de adultério", disseram eles a Jesus. "A lei de Moisés ordena que ela seja apedrejada. O que o senhor diz?"

Procuravam apanhá-lo numa armadilha, ao fazê-lo dizer algo que pudessem usar contra ele. Jesus, porém, apenas se inclinou e começou a escrever com o dedo na terra. Eles continuaram a exigir uma resposta, de modo que ele se levantou e disse: "Aquele de vocês que nunca pecou atire a primeira pedra". Então inclinou-se novamente e voltou a escrever na terra.

Quando ouviram isso, foram saindo, um de cada vez, começando pelos mais velhos, até que só restaram Jesus e a mulher no meio da multidão. Então Jesus se levantou de novo e disse à mulher: "Onde estão seus acusadores? Nenhum deles a condenou?".

"Não, Senhor", respondeu ela.

E Jesus disse: "Eu também não a condeno. Vá e não peque mais".

João 8.1-11

Assim, o Salvador deixou aquela mulher seguir o seu caminho, com a advertência de que não deveria mais cometer aquele pecado.

O episódio, ocorrido há quase dois mil anos, encontra paralelo em nossa vida profissional. É comum vermos erros cometidos por colegas de trabalho sendo tratados de maneira pública e até maldosa, em vez de serem corrigidos particularmente. Quantas vezes, na vida e no trabalho, alguém é escolhido como vítima de críticas gratuitas, como se a condenação das faltas alheias expiasse as dos "juízes de ocasião". De mais a mais, precisamos pensar muito antes de apontar o dedo para alguém, em sinal de julgamento. Afinal, é sabido que, enquanto um dedo está na direção do acusado, outros três estão voltados para o acusador — e quem nos garante que, amanhã ou depois, não seremos nós mesmos a incorrer na mesma falha? A Palavra de Deus nos garante que, com a mesma medida com que julgarmos os outros, seremos também avaliados. Portanto, cuidado com as acusações.

É inevitável julgar e ser julgados. Podemos, no entanto, refletir sobre a natureza de nossos julgamentos. O que o juízo que fazemos em relação aos outros diz acerca de nós mesmos? Quem sabe agimos assim apenas para esconder a inveja e o rancor de nosso coração? Reflita sobre até que ponto as suas atitudes em relação ao próximo são indícios de sua dificuldade de identificar seus defeitos e de lidar com eles.

Cada ser humano tem valores próprios, comportamentos e maneiras de fazer as coisas. Uns são mais ativos, têm iniciativa, são assertivos e, por isso, destacam-se mais. Outros, contudo, agem de maneira mais lenta e necessitam de estímulo para realizar algumas atividades. Isso não significa, todavia, que sejam menos capazes.

A maioria de nós observa o outro de acordo com as próprias lentes e, assim, organiza julgamentos sem conhecer verdadeiramente o coração do outro. Porém, entenda: cada profissional é único, e mesmo aquilo que, em determinado momento, consideramos como defeito alheio pode ser vantajoso em outra circunstância.

Todos temos defeitos e virtudes. Saiba, portanto, ir além do julgamento e passe a ver em seu colega aquilo que ele tem de bom. Procurando agir dessa maneira, você não apenas vai deixar de julgá-lo injustamente, como será capaz de identificar nele habilidades e qualidades que jamais notou.

8
Compartilhe o conhecimento

Percebi que ninguém é capaz de descobrir tudo que
Deus faz debaixo do sol. Nem mesmo os mais sábios
conseguem compreender tudo, embora
afirmem o contrário.
Eclesiastes 8.17

Ninguém consegue dominar todo o conhecimento do mundo. Nem mesmo grandes gênios da humanidade, conhecidos pela capacidade de realizar com excelência múltiplas tarefas, como o italiano Leonardo da Vinci (1452-1519), que foi pintor, escultor, matemático, cientista, inventor, anatomista, arquiteto, botânico, poeta e músico. Ainda que nos esforcemos ao máximo para adquirir e aprimorar habilidades e conhecimentos, muito ainda fugirá à nossa compreensão. Há, inclusive, quem diga que, quanto mais aprendemos, mais nos damos conta de quanto nos falta aprender. Tolo é aquele que, ao atingir determinada posição, pensa ter chegado à perfeição.

Entretanto, se essa limitação, por um lado, nos angustia, por outro favorece as relações interpessoais, à medida que nos lembra de que todos nós precisamos desesperadamente uns dos outros. Na vida cotidiana, não faltam exemplos de benefícios proporcionados pela soma de diferentes habilidades individuais.

Ganhador do prêmio Nobel de Física, em 2017, por seu trabalho na detecção de ondas gravitacionais, o cientista americano Kip S. Thorne — agraciado junto com o compatriota Barry C. Barish e o alemão Rainer Weiss — reconheceu que sua conquista não teria

Compartilhe o conhecimento • **37**

sido possível sem a colaboração de uma enorme quantidade de pesquisadores. "É lamentável que, devido aos estatutos da Fundação Nobel, o prêmio tenha de ir para não mais do que três pessoas. Nossa maravilhosa descoberta é obra de mais de mil", declarou Thorne.

Contudo, pode ser que, embora reconheçamos exemplos como esse, paradoxalmente, ignoremos os diferentes potenciais de nossos colegas de trabalho, cuja presença ali, ao nosso lado, nada mais é do que a prova da importância das realizações coletivas. O mundo corporativo já consagrou o valor do chamado *social business*, que pode ser definido como o estímulo ao fluxo contínuo de informações, competências e iniciativas em uma empresa. A IBM, gigante multinacional da informática, atua em mais de 150 países e seus aproximadamente 600 mil profissionais em todo o planeta estão em conexão constante. Todo projeto do grupo é compartilhado em *intranet*, de modo que haja um aperfeiçoamento e a IBM tire o máximo proveito de cada iniciativa.

O livro bíblico de Eclesiastes é denso e inquietante. Seu texto desafia o leitor ao aperfeiçoamento contínuo em cada área da vida, sem deixar de denunciar a inutilidade da arrogância humana. Ao sinalizar nossa interdependência, esses escritos milenares lançam luz sobre uma verdade: ninguém é bom ou forte o suficiente.

De acordo com os desígnios de Deus, o conhecimento humano é limitado. E, se a plenitude nos foi negada, temos, porém, o arbítrio de lidar com essa limitação, fazendo dela uma oportunidade para a troca de experiências. No fim do século 19, o engenheiro americano Frederick Taylor (1856-1915) propôs a adoção de instruções sistemáticas nas fábricas com o intuito de aumentar a produtividade. Um de seus princípios era escolher o melhor operário em cada função, treiná-lo e instruí-lo para que se tornasse referência para os demais. É possível que esse método refletisse a formação cristã de Taylor, já que Cristo instruíra seus apóstolos a fim de que se tornassem fontes de ensinamento e inspiração em princípio para os que estavam próximos e, em segunda instância, para milhares de pessoas — depois, milhões e, por fim, bilhões. Disse-lhes Jesus: "Portanto, vão e façam discípulos de todas as nações, batizando-os em nome do Pai, do Filho e do Espírito Santo. Ensinem esses novos discípulos a obedecerem a todas as ordens que eu lhes dei" (Mt 28.19-20).

Além de pioneira, a iniciativa de Taylor foi exemplar, pois resultou em aumento substancial da produtividade. O compartilhamento do conhecimento, além de multiplicar talentos, dá a cada um dos envolvidos a noção de que, sem ajuda, dificilmente se alcança o êxito.

É particularmente rico em conteúdo o livro bíblico de Provérbios, escrito em grande parte pelo mesmo autor de Eclesiastes, o rei Salomão (Pv 1.1; Ec 1.1). Seu objetivo é transmitir sabedoria ao leitor. Não por acaso, já no primeiro capítulo, o texto sinaliza a importância de partilhar conhecimento e conselhos: "O sábio que os ouvir se tornará ainda mais sábio. Quem tem entendimento receberá orientação" (Pv 1.5).

9
Não desista ante as dificuldades

O Senhor disse a Noé: "Entre na arca com toda a sua família, pois vejo que, de todas as pessoas na terra, apenas você é justo".

Gênesis 7.1

Uma das histórias mais conhecidas da Bíblia é a da arca de Noé. O fantástico relato de algo que nunca havia acontecido, e suas trágicas consequências é uma saga de coragem, fé e superação, narrada em contornos épicos no Gênesis. Fiel à missão que Deus lhe dera, Noé empenhou sua vida e seus recursos na construção de um imenso barco destinado a salvar a vida humana e animal do dilúvio, mesmo quando não havia nenhum sinal de água por perto. O trabalho deve ter durado décadas, já que foi realizado apenas por ele e seus filhos. Mesmo assim, Noé continuou determinado em seu propósito e, quando as águas jorraram do céu e das fontes subterrâneas, conforme o relato das Escrituras, ele se viu recompensado pelos anos de intenso labor. Sim, a história da arca de Noé é uma das maiores epopeias bíblicas.

Contudo, mesmo quando o gigantesco barco provou que era capaz de navegar em segurança, muitas foram as dificuldades e os temores a superar. Talvez, o pior drama com que Noé tenha se defrontado foi a incerteza quanto ao futuro. Apesar de sua fé e da certeza de ter feito a coisa certa aos olhos de Deus, quem podia garantir a ele e sua família que a arca resistiria à força das águas? E, uma vez que tocasse a terra firme novamente, como seriam as condições de vida ali?

O que você faria no lugar dele? Desistiria, diante do projeto aparentemente absurdo de construir uma embarcação daquele tamanho em terra seca? Ou se deixaria abater? Você teria disposição física e emocional para executar um projeto tão audacioso, mesmo com recursos escassos e sem saber, ao certo, como funcionaria? E o que dizer de suportar um longo período enclausurado, enfrentando a escassez de alimentos e a sujeira provocada pelos diversos animais que navegavam com ele?

A verdade é que, uma vez dado o primeiro passo, muitas pessoas se sentem temerosas quanto ao que está por vir. É o caso, por exemplo, de quem aceita o desafio de largar a posição de empregado para abrir a própria empresa. Passada a euforia inicial, chegam os primeiros boletos, os impostos começam a corroer os lucros e os clientes não aparecem conforme o planejado. E agora, o que fazer? Será que os sonhos tão acalentados redundarão em fracasso?

A vida nos impõe desafios, colocando à nossa frente oportunidades que exigem superação, disposição, fé, confiança e disciplina. Foi assim com Abraão, ao sair da segurança da casa de seus pais e partir para uma terra desconhecida; com Moisés, ao conduzir o povo em sua peregrinação pelo deserto; e com Davi, ao enfrentar um guerreiro poderosamente armado como Golias munido apenas de pedras e uma atiradeira. Já no Novo Testamento, vemos as dificuldades enfrentadas pelos discípulos de Jesus ao espalhar a mensagem do evangelho de Cristo pelo mundo. Deus esteve presente com todos eles, guiando-os pelo melhor caminho e conduzindo-os à vitória.

Tenhamos, também, coragem diante do que parece difícil e tenacidade para que eventuais revezes não nos desviem da rota planejada. Nos anos seguintes à Segunda Guerra Mundial, o Japão, derrotado pelas potências ocidentais, encontrava-se com seu parque industrial arrasado. Foi quando o desconhecido empresário Soichiro Honda resolveu se aproveitar da situação para faturar e ajudar o país a se reerguer. Ele comprou, a preço de banana, motores recondicionados de veículos militares sem uso e começou a adaptá-los para uso em motos. Com isso, aumentou a potência e a versatilidade dos veículos que fabricava. Suas motocicletas e motociclos se popularizaram entre os japoneses, como meio de transporte muito útil nas estradas danificadas pelos bombardeios. Em poucos anos, a Honda Motors se tornou uma das líderes mundiais no setor, condição que preserva até hoje, quase três décadas após a morte de seu fundador.

Na vida profissional, também nos deparamos com projetos de "arcas" enormes. São tarefas cuja ousadia nos intimida ou, até, nos deixa acovardados. No entanto, quando enfrentamos e superamos um desafio profissional, somos capazes de evoluir e de nos preparar de forma ainda melhor para a próxima empreitada. Com o amadurecimento, o profissional abre um novo leque para o desenvolvimento da carreira, além de aumentar a própria empregabilidade em um mercado cada vez mais competitivo. Agindo como Noé, você descobrirá capacidades que não conhecia e estará apto a descortinar novos horizontes na carreira e na vida pessoal.

10
Administre bem o tempo

*Há um momento certo para tudo, um tempo
para cada atividade debaixo do céu.*
Eclesiastes 3.1

Apressa e o sentimento de urgência são comportamentos característicos de nossa época. Pergunte a qualquer pessoa sobre sua percepção acerca da passagem do tempo e a maioria dirá que ele voa. Volta e meia, você deve ouvir ou dizer a seguinte frase: "Está tudo tão corrido que não tenho tempo para nada". Pode ser exagero, mas a fala expressa um sentimento generalizado na sociedade urbana ocidental. O acúmulo de tarefas e compromissos age na mente, trazendo a falsa percepção de que nosso dia tem menos de 24 horas e que o ano termina um ou dois meses antes de 31 de dezembro.

A princípio, a noção de tempo é banal: Nada mais que uma sequência de instantes predeterminados e equivalentes em duração, que são marcados pelo relógio. Segundos, minutos e horas são meras convenções humanas, criadas para ordenar a nossa vida de acordo com a inexorável rotação do planeta Terra em torno do Sol. A diferença está em como pensamos sobre o tempo e como o vivemos. É por isso que ele parece dilatado se estamos ociosos e curto demais quando nos achamos atarefados.

O tempo, portanto, é mais complexo do que parece, razão pela qual o teólogo Agostinho de Hipona (354-430) disse que, se ninguém lhe perguntasse o que é, ele, mesmo assim, o saberia. Contudo, se inquirido a respeito, Agostinho admitia que não seria capaz de explicar o que é o tempo. E como, no século 21, produtividade parece falar mais alto do que excelência, tendemos a acumular tarefas — na vida pessoal, familiar ou profissional —, de modo que o tempo parece mesmo insuficiente para dar conta de tudo.

Como, então, melhorar nossa qualidade de vida sem que, para isso, deixemos de atender às exigências do mercado de trabalho? Eclesiastes é um livro bíblico que trata de conflitos internos do ser humano e dedica muitos versículos à administração do tempo. Um bom caminho é nos lembrarmos de que, conforme o texto bíblico, há um tempo certo para tudo. De nada adianta fazer uma atividade já pensando em outra, ou até em várias; cada uma delas requer foco e planejamento específicos.

Simples na teoria, complicado na prática. Administrar o tempo de maneira sábia, reservando períodos para todas as necessidades, sem atropelos e atrasos, é uma disciplina a ser desenvolvida diariamente. Nesse processo, é preciso levar em conta a complexidade de cada tarefa, o tempo médio necessário para executá-la, se teremos de realizá-la sozinhos ou em equipe e — por último, mas não menos importante — os nossos próprios limites.

Planejamento eficiente é indispensável para o correto aproveitamento do tempo. Logo que você tiver ciência de que algo lhe será delegado para fazer, estabeleça prazos e divida o trabalho em etapas dentro desse cronograma. Priorize o que é mais importante ou que possa lhe causar mais dificuldade, e deixe para frente, quando o tempo já estiver mais curto, aqueles detalhes que você será capaz de resolver com mais facilidade. Ao fim de cada dia, faça um levantamento do que terá de ser feito no dia seguinte. Outra providência é evitar as distrações durante o trabalho. Deixe as conversas ou a interação nas redes sociais para as horas de folga. Um trabalho interrompido requer mais atenção e tempo ao ser retomado, já que você terá se desconcentrado.

Caso o trabalho deva ser realizado em equipe, seja criterioso na distribuição de tarefas. Se for você o responsável, não se furte a cobrar prazos e resultados. E, por último, organize-se. Até a disposição de papéis, fontes de informação e relatórios em sua mesa de trabalho pode ter impacto decisivo no andamento do trabalho. Pode parecer perda de tempo arrumar o local de trabalho; contudo, se você fizer disso um hábito, não sofrerá com a perda de tempo e o estresse para localizar aquela nota ou memorando de que, mais cedo ou mais tarde, precisará.

Avalie com clareza as exigências específicas de suas atividades. Qual o planejamento adequado para cada uma delas? Quais exigem mais reflexão, e quais demandam rapidez e praticidade? Essa avaliação é muito importante para otimizar seu rendimento, e um profissional disciplinado na questão tempo chega mais longe, e vai mais rápido.

Um ditado popular diz que não se deve deixar para amanhã o que pode ser feito hoje. E a Bíblia já adverte: "Não conte vantagem a respeito do futuro, pois você não sabe o que o amanhã trará" (Pv 27.1).

11
Faça autoavaliações constantes

Vi de tudo nesta vida sem sentido, incluindo justos
que morrem cedo e perversos que têm vida longa.
Portanto, não seja justo nem sábio demais!
Por que destruir a si mesmo?
Eclesiastes 7.15-16

Certa vez, Jesus contou uma parábola a seus discípulos contrastando a atitude de um fariseu, homem conhecido por seu rigor religioso, com a de um coletor de impostos, judeu desprezado por seus compatriotas por prestar serviço para os dominadores romanos. Na alegoria proposta por Jesus, a atitude de ambos foi diametralmente oposta. Enquanto o publicano batia no peito e balbuciava lamentos por seus pecados, suplicando o perdão divino, o religioso clamava em alta voz as qualidades que acreditava ter. O interessante é perceber a conclusão a que Jesus chega ao fim do relato:

Em seguida, Jesus contou a seguinte parábola àqueles que confiavam em sua própria justiça e desprezavam os demais: "Dois homens foram ao templo orar. Um deles era fariseu, e o outro, cobrador de impostos. O fariseu, em pé, fazia esta oração: 'Eu te agradeço, Deus, porque não sou como as demais pessoas: desonestas, pecadoras, adúlteras. E, com certeza, não sou como aquele cobrador de impostos. Jejuo duas vezes por semana e dou o dízimo de tudo que ganho'.

Mas o cobrador de impostos ficou a distância e não tinha coragem nem de levantar os olhos para o céu enquanto orava. Em vez disso, batia no peito e dizia: 'Deus, tem misericórdia de mim, pois sou pecador'. Eu lhes digo que foi o cobrador de impostos, e não o fariseu, quem voltou para casa justificado diante de Deus. Pois aqueles que se exaltam serão humilhados, e aqueles que se humilham serão exaltados".

Lucas 18.9-14

Segundo Jesus, o coletor de impostos voltou redimido para casa, enquanto o fariseu, também pecador, apenas foi admirado pelos que o ouviram.

É possível que você já tenha conhecido profissionais arrogantes ou esteja trabalhando com. E, na outra ponta, é provável que tenha encontrado colegas que se subestimam demais. Todos os extremos são perigosos, sobretudo quando se trata de autocrítica. Os autoconfiantes além da conta tendem a superestimar suas qualidades e ignorar as próprias limitações — não raro, menosprezando pessoas à sua volta. Já os que pecam pelo excesso de autocomiseração exaltam as qualidades alheias com a mesma intensidade com que menosprezam a si mesmos.

A Bíblia nos orienta a agir com razoabilidade em tudo. Ao analisar em conjunto algumas das bem-aventuranças citadas por Jesus no célebre Sermão do Monte, notamos a importância da moderação, à medida que o Filho de Deus engrandece os pacificadores, os justos e os misericordiosos. Na sua segunda carta a Timóteo, o apóstolo Paulo lembra que Deus nos deu espírito de equilíbrio.

Antes mesmo de proceder ao autoexame, a fim de saber se você pende para algum desses extremos, faça uma retrospectiva e busque se lembrar de danos causados por excesso de autoconfiança e exageros na autocrítica. Quais consequências sofreram as pessoas com esse tipo de comportamento? Quais implicações trouxeram sobre si e para os outros? Os que agiram assim são, hoje, pessoas bem-sucedidas? Como lidam com decepções e críticas?

Fazer uma avaliação de si mesmo de maneira honesta e fundamentada é bom em todas as áreas da vida, mas um de seus maiores benefícios é na vivência profissional. Ouvir a opinião de chefes e colegas sobre você — o chamado *feedback* — é um ótimo começo. Desenvolva a saudável prática de consultar os outros acerca de seu desempenho. Avalie os resultados que tem obtido e, a partir disso, sem as lentes da autocomplacência, identifique aquilo que você tem feito de certo e errado. Aprenda com as experiências boas e ruins e trace novos procedimentos, priorizando suas deficiências e aprimorando ainda mais seus méritos.

Seja sempre criterioso consigo, mas evite os exageros e as generalizações, que só prejudicam.

12
Valorize a meritocracia

*Quem ara e quem trilha o cereal deve ter a esperança de
receber uma parte da colheita.*
1Coríntios 9.10

Meritocracia é um modelo de hierarquia baseado nos méritos individuais. Em outras palavras, é a ascensão graças ao merecimento. Esse modelo combate práticas viciosas como o nepotismo e a corrupção, e ainda estimula as pessoas a se qualificarem cada vez mais.

Pense, por exemplo, em uma empresa cujos altos cargos são distribuídos apenas com base em relações de parentesco: que estímulo teria um funcionário de fora da família gestora para se qualificar, se seus méritos não serão reconhecidos? E o que dizer dos danos causados à administração pública quando apenas interesses políticos norteiam a distribuição de cargos?

A Bíblia traz alguns exemplos de reconhecimento dos méritos individuais. Certa vez, ao enviar seus discípulos a algumas cidades, Jesus pediu que não levassem bolsas nem sandálias. A ideia era que se acostumassem a receber o que lhes fosse oferecido, pois "quem trabalha merece o seu salário", conforme Lucas 10.7. Por sua vez, Paulo, nas recomendações a seu aprendiz Timóteo, declarou: "Os presbíteros que fazem bem seu trabalho devem receber honra redobrada" (1Tm 5.17). Com isso, o apóstolo quis evidenciar a necessidade de justa recompensa a quem se esforça.

Para a eficiência do sistema meritocrático no ambiente de trabalho, é necessário que haja muita clareza em relação à hierarquia e às atribuições exigidas para cada cargo. Dessa forma, os trabalhadores saberão os critérios para uma promoção ou os motivos que ensejariam uma demissão. Com isso, evitam-se ainda rumores sobre o favorecimento de uns em detrimento de outros. Um ambiente de saudável competição, em que os profissionais são estimulados a melhorar sempre e obtêm benefícios com isso, colabora para que o mérito seja sempre o critério de ascensão ou melhora de ganhos.

Mérito e dedicação sempre caminham lado a lado. O atleta que almeja ser bem-sucedido em uma competição sabe da importância da disciplina e do treinamento. As habilidades, os músculos e a coordenação desenvolvem-se proporcionalmente aos exercícios. Sem treinamento, o esportista não terá bom rendimento nos torneios.

Emoções, intelecto e vida espiritual precisam de constante treinamento. Se praticarmos aquilo em que acreditamos, nossas ações vão alimentar e aperfeiçoar nossas crenças. O apóstolo Tiago chama atenção para esse ciclo virtuoso. Podemos ser pessoas equilibradas, se praticarmos o controle emocional, ponderando palavras e atitudes. Podemos melhorar a memória e o raciocínio lógico se treinarmos a mente e a exercitarmos nesse sentido. De modo análogo, a fé é fortalecida à medida que praticamos os ensinamentos de Deus.

Apesar de seus benefícios, é bom que se diga, a meritocracia não está isenta de críticas. Há quem conteste sua eficácia em um cenário de desigualdade social. Não seria, então, o caso de conjugar a meritocracia com medidas de combate à desigualdade, a fim de que, a longo prazo, as pessoas pudessem competir em igualdade de condições? E não seria a meritocracia, ela mesma, uma forma de combater a desigualdade, uma vez que não faltam exemplos de pessoas que ascenderam socialmente graças a esforço e capacidade próprios, e não a relações de parentesco ou amizade?

É preciso muita clareza em relação às condições necessárias para o crescimento profissional. Busque conhecer os atributos exigidos para o sucesso em sua área de atuação. Se, em seu ambiente de trabalho, essas informações não são claras, tome a iniciativa e pergunte. É seu direito. Boa parte das empresas modernas adota avaliações de desempenho periódicas, a fim de identificar os colaboradores mais produtivos.

Tal prática, em que pesem as resistências corporativas, começa a ser implantada, também, na esfera pública. Portanto, se você quer ser um profissional eficiente, com boa empregabilidade e condições de subir na carreira, prepare-se para ser avaliado exclusivamente com base na sua capacidade.

Em um mundo tão competitivo como é o do trabalho, não cometa o erro de apropriar-se do mérito alheio para obter alguma vantagem. Seja suficientemente humilde para reconhecer suas limitações e dar o devido crédito a quem o merece. Em contrapartida, quando o mérito for seu, lute para que ele seja reconhecido, afastando, assim, os aproveitadores de plantão.

13
Divida para multiplicar

*Comam o que a terra produzir espontaneamente durante
seu descanso. Isso se aplica a vocês, a seus filhos, a
seus servos e servas, e também aos trabalhadores
contratados e aos residentes temporários
que vivem em seu meio.*
Levítico 25.6

Por toda a Bíblia, as referências à agricultura são constantes. No Antigo Testamento, são várias as regras sobre o uso da terra, o aproveitamento de seus frutos e como deviam ser tratadas a propriedade e a mão de obra. Um dos preceitos da lei divina sobre o uso do campo era bem específico: tudo aquilo que brotasse nos limites da propriedade rural e que caísse no chão no momento da colheita deveria ser deixado para que os pobres, as viúvas e os estrangeiros tivessem com que se sustentar.

A Bíblia ensina algo valioso para o sucesso profissional: quanto mais se compartilharem os frutos, mais abundante será a colheita. No monte Sinai, Deus disse a Moisés que instruísse seu povo a repartir os frutos do sétimo ano de colheita entre todos: proprietários, empregados e animais. Essa atitude solidária estimularia todos a trabalhar com mais empenho.

No Novo Testamento, também são numerosas as parábolas de Jesus sobre o cultivo dos campos e a ação dos agricultores. Em outra ocasião, o Mestre demonstrou, na prática, a importância da solidariedade. Ante a fome da multidão que se reunira para ouvi-lo, Jesus perguntou se havia algo para lhes dar de comer. Um menino possuía apenas cinco pães e dois peixes, mas de boa vontade entregou-os a Cristo, que milagrosamente multiplicou os alimentos, saciando milhares de pessoas.

No Brasil, país onde o agronegócio tem cada vez mais importância na economia e no saldo da balança comercial, é grande a concentração de riqueza no setor. Infelizmente, ainda convivemos com grandes latifúndios pouco produtivos, enquanto muitos carecem de trabalho e do fruto da terra. Como todos seriam mais felizes se a "matemática de Deus", aquela em que tudo que é repartido se multiplica e mais bem-aventurado é dar do que receber, fosse posta em prática

William Colgate (1783-1857), sócio-fundador da empresa que leva seu nome, aprendeu desde pequeno esse princípio divino, consagrado nas Escrituras. Filho de imigrantes ingleses e criado em uma pequena fazenda no interior dos Estados Unidos, com apenas 16 anos ele se mudou para Nova York. Foi para a cidade grande em busca de um emprego, a fim de ajudar financeiramente seus pais. Sua primeira colocação profissional foi como aprendiz em uma fábrica de sabão. Com trabalho duro e muita iniciativa, Colgate acabou se tornando sócio da companhia e logo estava fabricando os próprios sabonetes.

Cristão determinado, Colgate fez de sua nascente carreira empresarial um instrumento de solidariedade. Ele repartiu parte importante de seus lucros com instituições de caridade e até fundou uma escola, a Colgate College, que se tornou uma renomada universidade dos Estados Unidos. Além de satisfação pessoal, essas ações agregaram valores positivos à imagem da empresa, potencializando ainda mais seus rendimentos.

Tal princípio vem sendo consagrado no mundo corporativo. As empresas que investem no chamado Terceiro Setor obtêm dividendos para a imagem corporativa e a aceitação de sua marca nos diversos setores da sociedade.

A economia solidária também ganha cada vez mais espaço, promovendo a união de esforços em busca dos resultados. As melhores multiplicações começam com a divisão, e você, de maneira coletiva ou individual, também pode fazer algo. Comece dividindo com os outros o seu tempo, a sua atenção e as suas conquistas, e veja benefícios se multiplicarem à sua volta. Além disso, procure construir em torno de si uma cadeia de atitudes positivas, afinal, o bem gera o bem, conforme o ensinamento de Jesus: "Deem e receberão. Sua dádiva lhes retornará em boa medida, compactada, sacudida para caber mais, transbordante e derramada sobre vocês. O padrão de medida que adotarem será usado para medi-los" (Lc 6.38).

14
Ponha-se em seu lugar

Quando um servo chega do campo depois de arar ou cuidar das ovelhas, o senhor lhe diz: "Venha logo para a mesa comer conosco"? Não, ele diz: "Prepare minha refeição, apronte-se e sirva-me enquanto como e bebo. Você pode comer depois".
Lucas 17.7-8

Um dos conceitos mais interessantes para pensar o comportamento do brasileiro é o de "homem cordial", criado pelo célebre historiador Sérgio Buarque de Holanda (1902-1982). Grosso modo, o estudioso defendia que a cordialidade do brasileiro era sintoma da dificuldade em separar a esfera pública da privada, uma vez que as relações familiares tendem a prevalecer sobre as demais. Não é difícil observar esse comportamento no ambiente de trabalho.

Há quem sobreponha os laços afetivos aos profissionais, acreditando que amizades e relações de parentesco garantem uma carreira de sucesso. Afinal, como repreender ou demitir um amigo ou um parente? E a quem escolher para uma promoção: um "chegado" ou um desconhecido? Isso tende a ser muito prejudicial, pois, à medida que profissionalismo e competência ficam em segundo plano, os resultados, possivelmente, estarão aquém do desejado. Além disso, quem acredita que camaradagem garante estabilidade profissional tende à estagnação, sem contar o sério risco de ser surpreendido por decisões que privilegiem o mérito.

Jesus ilustrou essa ideia ao cogitar o tratamento que um patrão costuma dar ao empregado: no fim do dia, em vez de convidá-lo para entrar em sua casa e comer, ordena que o servo prepare e sirva o jantar — e, ao final da refeição, provavelmente, nem sequer agradecerá pelos serviços prestados. Assim como um funcionário não deve esperar cordialidade como regra no comportamento do patrão, também os apóstolos, após terem concluído tudo que lhes foi ordenado por Deus, não deveriam esperar afagos; antes, dizer, humildemente: "Somos servos [...]; apenas cumprimos o nosso dever" (Lc 17.10).

Àqueles que, porventura, possam ficar chocados com a aparente frieza demonstrada nessa parábola, convém lembrar que o que Jesus enfatiza é a importância de separar os papéis. O servo não pode querer ser maior que seu senhor; da mesma forma, funcionários não devem considerar como seus o espaço, os equipamentos ou o tempo de seu empregador. São muitos os problemas que podem surgir quando tais esferas não são claramente delineadas e observadas à risca.

Jesus disse a uma mulher, certa vez, que não se deve tirar o pão dos filhos e dá-los aos cachorrinhos. Tudo que o Salvador dizia tinha como objetivo ensinar profundas lições de vida e de fé, e o contexto nos mostra que ele se referia às diferenças entre os filhos de Israel e os gentios, uma distinção da qual os judeus se orgulhavam e que o próprio Jesus fez questão de relativizar, visto que todos os seres humanos são alvo de seu amor incondicional. Entretanto, a fala do Mestre inclui uma realidade inevitável: a de que cada um precisa conhecer o seu lugar. Em uma organização empresarial, essa é uma regra de ouro. Conhecer as próprias obrigações e o que se espera de seu trabalho são maneiras seguras de crescer profissionalmente.

Não se preocupe: cedo ou tarde, seu valor será reconhecido. A melhor garantia para o sucesso profissional é a competência. E, para conquistá-la, são necessários empenho e qualificação constantes. Não que seja ruim cultivar amizades no ambiente de trabalho, pelo contrário, elas podem tornar o cotidiano profissional mais agradável e humano. O problema é quando laços afetivos falam mais alto do que relações profissionais. Portanto, nada de fazer-se íntimo de colegas e superiores caso não haja essa abertura da parte deles próprios ou de dispor de maneira particular e indevida das instalações e dos equipamentos de trabalho.

Não se esqueça: seu ambiente de trabalho não é sua casa. Mais sábio é observar o famoso provérbio popular: "Amigos, amigos; negócios à parte".

15
Rejeite a bajulação

Todos mentem uns aos outros; falam com lábios
bajuladores e coração fingido.
Salmos 12.2

O verbo "bajular" deriva de *baiulo*, verbo latino cujo significado é "carregar um fardo". A origem do termo nos ajuda, também, a compreender melhor o viés negativo da bajulação: ao adular alguém, é como se o bajulador o carregasse nas costas. Sentido ainda mais negativo adquire quando pensamos que, na maioria das vezes, alguém carrega o outro para obter alguma vantagem escusa.

Como o ambiente profissional é dos mais competitivos, é compreensível, embora não aceitável, que haja bajulação nas empresas e repartições. Todos já conhecemos bajuladores ou convivemos com eles. É gente que tece elogios gratuitos aos chefes, dá tapinhas nas costas dos diretores e maximiza, de maneira exagerada, as supostas qualidades daqueles a quem estão subordinados. É um comportamento malvisto no ambiente de trabalho, e geralmente leva a indisposições.

Pior ainda é quando a pessoa bajulada aprecia e estimula esse tipo de atitude. Subordinados valem-se dessa artimanha para conquistar posições de destaque. Gestores e empregadores, por sua vez, se deixam bajular por vaidade, egocentrismo e até mesmo necessidade de autoafirmação.

A Bíblia, claramente, rejeita a bajulação. No livro de Provérbios, o sábio nos diz: "No fim, as pessoas apreciam a crítica honesta muito mais que a bajulação" (Pv 28.23). No livro do profeta Daniel, vemos o dano causado por súditos mal-intencionados, que se aproximavam do rei com elogios baratos para obter aquilo que desejavam. Outro exemplo claro do bajulador nas Escrituras é Hamã, servo de Assuero, rei da Pérsia. Adulador ao extremo, ele vivia na presença do monarca para se autopromover e prejudicar seus desafetos. Pelo livro de Ester, sabemos que, para atingir seus objetivos, ele planejou aniquilar todos os judeus do reino. Bajuladores são assim: eles não têm escrúpulos e passam por cima de tudo e de todos.

Jesus não mediu palavras e chamou de falsos aqueles que o adulavam com segundas intenções. Certa vez, fariseus que tramavam derrubá-lo vieram até ele com palavras elogiosas cheias de falsidade, mas foram desmascarados pelo Mestre: "Hipócritas! Por que vocês tentam me apanhar numa armadilha?" (Mt 22.18).

Quando se trabalha em equipe, a atuação dos bajuladores fica ainda mais evidente, criando um clima pesado e marcado pela desconfiança. Adolfo Plínio Pereira, especialista em Gestão Avançada de Pessoas, afirma que o bajulador é uma figura muito malvista, mas ainda muito presente nas organizações.

Pior ainda é quando o indivíduo se aproveita da proximidade criada com a chefia para criticar ou desmerecer os companheiros. A bajulação cria uma rede de ilusões. Quando adotamos esse procedimento reprovável, podemos iludir o próximo e criar a falsa impressão de que somos protegidos por ele. Quando somos nós o alvo da bajulação, corremos o risco de nos deixar enganar, fechando os olhos para nossas próprias deficiências.

Jamais utilize o expediente da bajulação como meio de conquistar espaço e privilégios em seu trabalho. Além do erro da atitude em si mesma, agir dessa maneira vai acabar criando uma imagem negativa de você. Até mesmo suas eventuais conquistas, obtidas por mérito, serão atribuídas à bajulação. Isso quando o feitiço não se vira contra o feiticeiro e o bajulador é desmascarado ou até demitido por alguém que não se curva a elogios meramente interesseiros.

16

Desenvolva sua inteligência emocional

Meus filhos, ouçam quando seu pai lhes ensina; prestem atenção e aprendam a ter discernimento. [...] Adquira sabedoria e aprenda a ter discernimento; não se esqueça de minhas palavras nem se afaste delas. [...] Acima de todas as coisas, guarde o seu coração, pois ele dirige o rumo de sua vida.
Provérbios 4.1,5,23

Desde os anos 1990, uma expressão tem sido muito estudada e aplicada no mundo corporativo: inteligência emocional. O termo foi popularizado no livro de mesmo nome, escrito pelo psicólogo e escritor PhD americano Daniel Goleman. Em seu trabalho, Goleman demonstra que, diferente do que se pensava, a inteligência não pode ser definida, exclusivamente, pelo brilhantismo intelectual ou pelo conhecimento acumulado. Entra na equação, de maneira decisiva, o controle emocional e a capacidade de o indivíduo identificar os próprios sentimentos e saber administrá-los.

O conhecido QI é a sigla para "Quociente de Inteligência", fator que mede a capacidade cognitiva de alguém com base em testes específicos. A esse, somou-se outro indicador, o QE, "Quociente Emocional", que avalia as habilidades empíricas do indivíduo, tais como autoestima, autocontrole, empatia, resiliência e autoconfiança. São qualidades cada vez mais valorizadas pelas empresas na seleção e no desenvolvimento de seus funcionários. O QE é uma competência que não pode ser mensurada no currículo, mas garante sua empregabilidade. Hoje em dia, profissionais extremamente capacitados têm perdido espaço justamente pela falta de inteligência emocional.

A inteligência emocional exerce papel fundamental nas decisões que tomamos e em como conduzimos nossa vida e carreira. Atributos como comunicação eficiente e poder de conciliação passaram a falar mais alto do que talentos intelectuais extraordinários, mas pouco efetivos. Como a maioria das situações de trabalho envolve relacionamentos com pessoas, aquele que domina as próprias emoções e apresenta qualidades como espírito de equipe, compreensão, gentileza e empatia tem muito mais chances de sucesso. Quem, em contrapartida, se deixa levar pelos impulsos ou age somente com base na fria lógica acaba perdendo competitividade.

A Bíblia, com sua sabedoria, nos auxilia a buscar a maturidade que conjuga essas duas inteligências. O livro de Provérbios é rico em orientações sobre a inteligência emocional, embora, evidentemente, não utilize esse termo. O autor nos exorta a desenvolver a inteligência sem, contudo, abrir mão dos sentimentos, pois é o coração que dirige o rumo de nossa vida.

Jesus também tem sido citado pelos especialistas em comportamento como alguém que teve elevado QE. Não fosse sua sociabilidade e capacidade de empatia e conciliação, por exemplo, muitos de seus dons extraordinários não seriam conhecidos. O Salvador soube portar-se com firmeza quando necessário, como ao confrontar os líderes religiosos mal-intencionados ou os vendilhões do templo, no entanto, valorizou as qualidades do publicano Zaqueu, homem odiado por seus compatriotas. Ao falar à mulher do poço, demonstrou compreender a situação daquela pecadora, mas ministrou a correção na medida certa.

O Filho de Deus foi carinhoso com crianças, gentil com marginalizados, questionador com doutores da lei e, mesmo no suplício da cruz, encontrou forças para orientar seu discípulo João sobre os cuidados que deveria ter com Maria. Que você também saiba conjugar, em sua vida, competências intelectuais e emocionais. Equilibrando seu QI e seu QE na medida certa, você será capaz de potencializar suas capacidades e descobrir talentos ainda desconhecidos.

17
Tenha disciplina

Aprenda com a formiga, preguiçoso! Observe como ela age e seja sábio. Embora não tenha príncipe, nem autoridade, nem governante, ela trabalha duro durante todo o verão, juntando comida para o inverno. Mas você, preguiçoso, até quando dormirá? Quando sairá da cama? Um pouco mais de sono, mais um cochilo, mais um descanso com os braços cruzados, e a pobreza o assaltará como um bandido; a escassez o atacará como um ladrão armado.

Provérbios 6.6-11

Com o incremento das tecnologias de comunicação, os empregadores têm apostado na flexibilização das relações de trabalho. Fica cada vez mais para trás aquela antiga rigidez em relação a horários e à presença física, sobretudo nos grandes centros urbanos, onde os deslocamentos consomem muito tempo. Empresas de vários setores já permitem que seus colaboradores trabalhem, parcial ou integralmente, à distância. Com essa prática, reuniões podem ser feitas por videoconferência; arquivos e documentos são enviados e recebidos em um piscar de olhos, via computador ou celular; executivos podem comunicar suas decisões em tempo real, mesmo a pessoas em diferentes lugares. Pensemos ainda nas preciosas horas que se ganha ao fugir do trânsito, por exemplo, um tempo que pode ser aproveitado com lazer, estudo e convívio familiar, proporcionando, assim, ainda mais produtividade.

De olho nessas vantagens e na redução de custos com transporte e alimentação fora de casa, oito em cada dez brasileiros economicamente ativos gostariam de ter mais liberdade em relação à jornada de trabalho, de acordo com a pesquisa *Flexibilidade no mercado de trabalho*, realizada pela Confederação Nacional da Indústria (CNI) em parceria com o Instituto Brasileiro de Opinião Pública e Estatística (Ibope). Os números são de 2016 e, na época, cerca de 12 milhões de profissionais já atuavam nessa modalidade no país.

Em alguns casos, porém, essa flexibilidade serve de pretexto para o descompromisso. A inserção no ambiente doméstico e a consequente ausência física de uma equipe de trabalho e de uma chefia presencial podem relaxar demais o trabalhador, levando-o a descumprir prazos e render aquém do esperado. No livro de Provérbios, o sábio faz uma reflexão interessante a esse respeito. Ele pede ao preguiçoso que observe a formiga: ela não tem chefe ou supervisor, mas nem por isso deixa de trabalhar com afinco para garantir seu alimento.

Se você tem a oportunidade de trabalhar em casa, saiba aproveitá-la com equilíbrio e responsabilidade. Para começar, prepare um ambiente em que você possa se isolar da rotina doméstica. Nada de atender telefonemas ou elaborar relatórios com o filho no colo ou brincando com o bichinho de estimação. É preciso contar com a colaboração da família, fazendo cônjuge e filhos perceberem que, em determinados períodos do dia, você vai estar ausente, ainda que permaneça no quarto ao lado ou no escritório. Caso não disponha de um espaço reservado em casa, é bom recorrer a locais alternativos, como uma biblioteca, um centro de estudos ou uma sala comercial, que podem até ser compartilhados com outro profissional para reduzir custos.

Da mesma forma que nos empregos presenciais, quem trabalha em *home office* precisa observar horários preestabelecidos e manter uma agenda. Programe as tarefas diárias e estipule um tempo para a realização de cada uma delas. Além disso, procure se especializar, conhecendo melhor as rotinas e disciplinas envolvidas no trabalho à distância.

Entidades como o Serviço Brasileiro de Apoio às Micro e Pequenas Empresas (Sebrae) disponibiliza cursos e material de apoio aos interessados, e há vasta quantidade de informações na Internet. Invista, também, na montagem de uma *network* eficiente, para compartilhar experiências e oportunidades com outros profissionais virtuais.

O que se espera de um trabalhador à distância é que ele produza ainda mais do que se estivesse no escritório, já que não precisa perder tempo no carro ou na condução. Logo, se você se dispôs a trabalhar em casa, espante a preguiça, evite as distrações e dê o melhor de si.

18
Cultive a credibilidade

Feliz é o que [...] conduz seus negócios honestamente.
Salmos 112.5

"Faça o que eu digo, mas não faça o que eu faço" é um dos ditados populares mais infelizes que há. Credibilidade em atos e palavras é tão fundamental que o apóstolo Paulo, ao se dirigir aos cristãos de Corinto, diz-se imitador de Cristo, chamando para si a responsabilidade de ser modelo de vida para as pessoas. Em outros trechos do Novo Testamento, Paulo e os demais escritores bíblicos não se furtam a dar como exemplo o próprio procedimento. Todos eles eram pessoas falhas e pecadoras, como qualquer ser humano, contudo, eram dignos de credibilidade, uma vez que, tanto na vida particular quanto em público, observavam regras rigorosas de conduta e as cobravam dos outros. Que autoridade! É de gente assim que o mundo precisa.

Atribui-se a Júlio César, governante romano do primeiro século, a célebre afirmação: "À mulher do imperador não basta ser honesta; ela deve parecer honesta". Pois a Bíblia Sagrada vai muito além, e descarta o jogo de aparências quando o assunto é credibilidade. Paulo não temeu colocar-se como exemplo de conduta para os fiéis: "Sejam meus imitadores, como eu sou imitador de Cristo. Eu os elogio porque vocês sempre têm se lembrado de mim e têm seguido os ensinamentos que lhes transmiti" (1Co 11.1-2). Em outro trecho do mesmo livro, está registrada a norma de conduta rigorosa dos apóstolos: "Tomamos o cuidado de agir honradamente não só aos olhos do Senhor, mas também diante das pessoas" (1Co 8.21).

Credibilidade é um atributo essencial em qualquer relacionamento. E ela é construída com um conjunto de qualidades que se revelam ao longo da convivência em família, entre os vizinhos e no trabalho. Uma pessoa se torna digna da confiança alheia quando cumpre o que diz, age com honestidade em tudo que faz e assume eventuais erros. Comprometimento, transparência e lisura são atributos essenciais para cultivar a credibilidade. Ninguém jamais terá sucesso na carreira se os que estão à sua volta não puderem confiar nele.

Uma boa reputação vale mais do que um bom currículo: afinal, suas aptidões profissionais podem lhe valer um emprego; mas, para se manter nele, você terá de conquistar a confiança dos superiores, clientes e colegas. É por isso que as Sagradas Escrituras enaltecem a virtude daqueles que pautam sua vida profissional pela retidão.

Profissionais confiáveis são aqueles que prestam contas, mesmo quando não solicitado; são leais à organização à qual estão vinculados; respeitam os regulamentos estabelecidos; cumprem seu horário de trabalho; não se ausentam sem motivo justo e manejam os recursos da empresa com honestidade. Acredite: o esforço para construir uma reputação pode não ser nada se comparado àquele necessário para reconquistá-la. Anos e anos em uma mesma colocação não são a certeza de que você permanecerá nela, pois não é a longevidade que garante um emprego, mas a credibilidade. Portanto, invista nela.

Atitudes insensatas podem custar não apenas o cargo, mas também a credibilidade de um profissional no mercado de trabalho. Por mais óbvio que seja, é importante lembrar que a empresa em que você trabalha não é a única em seu ramo de atuação; portanto, "queimar seu filme" com ela pode lhe trazer sérias dificuldades de recolocação. Não que você deva abrir mão de criticar decisões ou reivindicar direitos, mas só o faça quando estiver munido de bons argumentos e tiver certeza do que vai dizer. O problema é ser irresponsável, intempestivo, desrespeitoso e desonesto, entre outros comportamentos condenáveis.

Esteja certo de que você é avaliado a cada dia, e que uma falta grave pode arruinar sua carreira. É como diz a sabedoria popular: "Notícia ruim corre depressa".

19
Saiba identificar a hora de sair

Lutei o bom combate, terminei
a corrida e permaneci fiel.
2Timóteo 4.7

Uma das atitudes mais nobres de um profissional é reconhecer o momento de sair de cena. É evidente que apuros financeiros e o receio de não encontrar novas oportunidades podem manter alguém, a contragosto, no mesmo emprego por muito mais tempo do que gostaria — realidade, aliás, de muitas pessoas. Contudo, quando deixar um emprego não implica grandes transtornos, é louvável admitir o fim de um ciclo e sair de cabeça erguida. Se for possível respirar novos ares profissionais ou, até mesmo, desfrutar do merecido descanso, para que continuar quando não há mais prazer nem bom rendimento? Por que não ceder espaço para alguém mais entusiasmado e apto, ao mesmo tempo em que se parte em busca de novas realizações?

João Batista, profeta contemporâneo de Jesus, exerceu um grande trabalho de preparação para que o Filho de Deus construísse seu ministério. Coube a ele preparar o caminho para o Salvador. João bem sabia que suas atividades seriam desnecessárias quando o Cristo chegasse, mas nem por isso ficou contrariado. Ao contrário, ele abriu-lhe espaço, consciente do dever cumprido e humilde o bastante para reconhecer que sua missão tinha sido secundária.

Em um cenário de crise econômica e índices elevados de desemprego, é natural que você se sinta inseguro em dar um passo nessa direção. Contudo, reflita um pouco sobre o seu futuro. Onde você gostaria de estar daqui a cinco ou dez anos? A mudança de emprego ou de área de atuação deve levar em conta, entre outros fatores, seu plano de carreira. Remuneração melhor é um excelente atrativo, mas não deve ser o único fator a ser levado em conta na tomada de decisão. Objetivo profissional, perspectivas para o futuro e a disposição para enfrentar novos desafios são elementos muito importantes e devem ser postos na mesa antes de assinar um novo contrato de trabalho. Considere, também, o impacto do novo emprego na sua qualidade de vida. Lembre-se de que qualquer mudança de renda, moradia e rotina vai, necessariamente, impactar sua família.

Procure obter o máximo de informação sobre a nova área ou empresa em que pretende trabalhar. Converse com pessoas que já deram passo semelhante, para compreender melhor as vantagens e dificuldades. Algumas dicas são importantes para reconhecer o momento de sair de cena: obter de seus colegas o *feedback* sobre seu comportamento no trabalho; reconhecer limitações físicas, emocionais e intelectuais; perceber que já não consegue acompanhar as mudanças e novas tecnologias com a rapidez necessária

Chega um momento na carreira de muitos profissionais em que surge insatisfação com o trabalho que realizam. Se você acredita que as funções que exerce estão aquém de sua capacidade e já não lhe trazem motivação, uma mudança pode ser a melhor solução. Seu tempo e sua energia podem ser muito mais bem aproveitados em outra colocação. E, se é chegada a hora de partir, que tal preparar um sucessor? Saiba que sua experiência pode ser de grande valia para novos profissionais. E que você possa, a exemplo de Paulo, dizer, a cada etapa encerrada, que concluiu bem sua corrida.

20
Tenha compromisso com a verdade

Portanto, abandonem a mentira e digam a verdade
a seu próximo, pois somos todos
parte do mesmo corpo.
Efésios 4.25

É desnecessário salientar a importância da verdade — ou deveria ser. Mas você já reparou como, em algumas situações, ela é esquecida de propósito? Em geral, isso ocorre naqueles momentos em que convém deixá-la de lado para obter-se vantagens imediatas, livrar-se de embaraços ou, simplesmente, recusar-se a aceitar a realidade. Mas, ainda que tardiamente, a verdade tem o saudável hábito de vir à tona.

Infelizmente, não são raros os casos de mentiras no universo do trabalho. Há desde empregadores que fingem que sua empresa vai de vento em popa quando, na realidade, está a ponto de naufragar, até empregados que superestimam suas capacidades ou ocultam seus problemas dos superiores. No entanto, a verdade tardia cobra seu preço, e a juros altos. Pense no transtorno do empregador diante da falência de sua empresa e da impossibilidade de indenizar os funcionários: não teria sido prudente aceitar as dificuldades e enfrentá-las a tempo de salvar o negócio? E quanto ao funcionário que mascara suas falhas e acaba sendo descoberto, perdendo crédito e até o emprego?

O ensinamento bíblico sobre o assunto é dos mais lúcidos. Segundo a Palavra de Deus, a mentira não implica consequências apenas para aquele que lança mão dela. Na carta do apóstolo Paulo aos efésios, é enfatizado o valor da retidão, isto é, a supremacia da firmeza de caráter sobre a astúcia e outras artimanhas. A comunidade da cidade grega de Éfeso foi admoestada a dizer sempre a verdade, sob qualquer circunstância, já que a falha de apenas um membro daquela igreja prejudicaria a todos.

Também vemos o preço do engano em vários trechos da Bíblia. No livro de Josué, lemos que Israel estava conquistando a terra de Canaã e os gibeonitas, que viviam ali, sabiam que suas cidades seriam as próximas a serem conquistadas. Temendo por sua vida, eles foram ter com o líder dos hebreus, para propor uma aliança entre as duas nações. "Viemos de uma terra distante para pedir que vocês façam um tratado de paz conosco" (Js 9.6), mentiram. Para tornar convincente sua história, eles mostraram a comida seca que carregavam, as roupas esfarrapadas e as sandálias gastas — na verdade, tudo fora preparado como parte do ardil. Quando descobriu o logro em que caíra, Josué ficou furioso e condenou os gibeonitas à escravidão, obrigados a tirar água dos poços e a rachar lenha para os israelitas.

No trabalho, a mentira de um profissional para seus colegas, clientes ou gestores pode trazer sérias consequências para a equipe e, em casos mais extremos, para a empresa com um todo. Maus profissionais mentem para evitar cobrança do chefe, obter vantagens indevidas ou preservar relacionamentos. Há desde as "mentirinhas", aquelas que passam praticamente despercebidas e não trazem maiores consequências, até aquelas mentiras mais graves, usadas para enganar, trair ou manipular os outros. "Prima-irmã" da mentira, a omissão é outro desvio de conduta muito comum, assim como usar meias-verdades ou distorcer os fatos para contornar situações difíceis. Em qualquer caso, mentir revela um comportamento errado e eticamente reprovável.

Não é à toa que a Bíblia afirma que o pai da mentira é o diabo.

21
Cultive a resiliência

*Se você for processado no tribunal e lhe tomarem a
roupa do corpo, deixe que levem também a capa.
Se alguém o forçar a caminhar uma
milha com ele, caminhe duas.*
Mateus 5.40-41

Termo proveniente da física, resiliência é a propriedade de alguns corpos de recuperar a forma original após sofrer uma deformação. Pensemos, por exemplo, em uma bola de futebol ou em um amortecedor que, tendo sofrido impactos, voltam, intactos, ao estado inicial. A psicologia apropriou-se dessa expressão para medir a capacidade das pessoas de suportar pressões sem sofrer danos emocionais permanentes.

No ambiente do trabalho, a resiliência tem sido dos atributos mais valorizados. Pressões por conta de produtividade, cumprimento de prazos e ameaças da concorrência podem causar danos enormes ao trabalhador. O profissional resiliente sofre com adversidades, mas não tarda a superá-las por completo. Não se trata, no entanto, de alguém insensível, comportamento indesejado em termos de relações interpessoais, mas dotado de rara capacidade de superação.

Paulo Yazigi Sabbag, professor da escola de Administração de empresas da Fundação Getúlio Vargas de São Paulo e autor do livro *Resiliência: Competência para enfrentar situações extraordinárias na sua vida profissional*, idealizou uma escala que enumera nove fatores para avaliar o nível de resiliência de profissionais adultos. São eles: autoeficácia (a capacidade de organizar e executar ações em busca de resultados); solução de problemas; temperança (a capacidade de regular as próprias emoções); empatia; proatividade; competência social; tenacidade; otimismo e flexibilidade mental. De acordo com o especialista, cada um desses fatores habilita o profissional a enfrentar os problemas e não se deixar abater por eles.

Resiliência talvez seja uma das melhores palavras para sintetizar a trajetória do líder sul-africano Nelson Mandela (1918-2013). Ativista no combate à segregação racial, praticada como política de Estado em seu país durante décadas, Mandela foi um perseguido político e acabou condenado injustamente à prisão perpétua. No entanto, a despeito da pressão que sofria, manteve-se firme em seus ideais. Mesmo na cadeia, Mandela inspirou muitos, transformando-se em uma das mais importantes personalidades da história contemporânea. Sua perseverança comoveu o mundo e culminou com sua liberdade, em 1990, após 27 anos de cárcere. Pouco tempo depois, Mandela foi eleito presidente da República e foi decisivo na instalação de uma democracia multirracial na África do Sul.

Mas é na Bíblia que encontramos o maior exemplo de resiliência: Jesus. Afinal, nem a morte conseguiu vencê-lo. Ele deu inúmeras provas desse comportamento. Lembremos os 40 dias de jejum no deserto, quando foi tentado diversas vezes, mas, a despeito do esgotamento físico, jamais sucumbiu às investidas do maligno (Lc 4.1-13). Cristo ensinou que, quando demandados a fazer alguma coisa, deveríamos suportar a prova e ainda ir além, "andando a segunda milha". Não à toa, a resiliência tornou-se uma das principais características do cristianismo. Os primeiros cristãos enfrentaram pressões tremendas e, ainda assim, mantiveram-se determinados em seus princípios, a ponto de ser martirizados e, mesmo no momento da morte, apresentavam serenidade e confiança em Deus.

A boa notícia é que a resiliência pode ser adquirida. Para tanto, ampare-se no que satisfaz você. Em meio às adversidades, repisar experiências negativas só vai piorar tudo e deixá-lo abatido. Pense em comportamentos e ideias que lhe agradam e busque apoio de amigos, parentes e profissionais que inspirem força e coragem.

Assim, você terá mais vigor para não esmorecer e seguir adiante. É como diz a célebre canção de Paulo Vanzolini: "Reconhece a queda e não desanima. Levanta, sacode a poeira e dá a volta por cima".

22
Organize-se com rigor

*Quem começa a construir uma torre sem antes
calcular o custo e ver se possui dinheiro
suficiente para terminá-la?*
Lucas 14.28

Sabe aquela hora, em pleno expediente, em que procuramos, desesperadamente, por um documento, um relatório ou uma pasta, mas não encontramos nada? Ou quando descobrimos que a máquina está quebrada por falta de manutenção e não tínhamos percebido? Às vezes, é só assim, quando nos vemos em apuros, que nos damos conta de quanto é equivocada a ideia de que manter tudo organizado é perda de tempo. Na verdade, ocorre justamente o oposto: o desorganizado despende mais tempo e energia para contornar as dificuldades geradas pela desordem do que o organizado, para preveni-las.

Se "tempo é dinheiro", como disse o jornalista, cientista e estadista americano Benjamin Franklin (1706-1790), então, invista em planejamento, pois a pressa pode lhe custar muito mais. É o que lembra o provérbio bíblico: "Quem planeja bem e trabalha com dedicação prospera; quem se apressa e toma atalhos fica pobre" (Pv 21.5). E ninguém menos que Jesus Cristo ilustrou a necessidade de minuciosa organização e planejamento financeiro, na passagem de Lucas 14.28 — caso contrário, deixou claro o Mestre, o construtor falido seria alvo do desprezo dos outros.

É famosa, no mundo corporativo, a filosofia dos *5S*, surgida no Japão dos anos 1950. Arruinada na Segunda Guerra Mundial, a terra do sol nascente precisou de muita disciplina, muito trabalho e organização para se reerguer e, em duas décadas, dar a volta por cima, transformando-se em uma das nações mais prósperas do planeta. Apesar da simplicidade, o método — que reúne cinco sensos, ou conceitos transliterados do idioma nipônico — é de uma eficácia mais que comprovada. Três deles dizem respeito, diretamente, à organização: *Seiri* é o senso de utilização, e refere-se ao que é realmente necessário ter e guardar; *Seiton*, organização, enfatiza a necessidade de ordem no ambiente, conforme a antiga máxima "um lugar para cada coisa e cada coisa em seu lugar" e *Seisô*, senso de limpeza, que nos lembra da necessidade de manter a higiene do nosso local de trabalho, seja um escritório, uma oficina ou uma linha de produção. Ainda que a maioria das empresas conte com colaboradores especialmente encarregados de manter a limpeza, não custa nada colaborar.

Ponha na cabeça que seu bem-estar e sua tranquilidade dependem disso, e seja rigoroso consigo mesmo. Escolha práticas condizentes com sua realidade profissional e organize e planeje com base nelas. Seja criterioso com as planilhas e os orçamentos, para não ficar sem recursos pelo meio do caminho. E, o principal: faça dessas práticas um hábito. Se a organização for fruto de um dia isolado de inspiração, aí, sim, ela será perda de tempo. Com um bom planejamento, você identifica as prioridades e faz apenas aquilo que realmente precisa ser feito, evitando esquecimentos e distrações e aumentando sua produtividade. Mantendo tudo em ordem, não se desperdiça tempo à procura de objetos ou daquele *e-mail* que chegou e não foi lido, mas que deveria ter sido respondido anteontem.

Outra providência que vai ajudar muito é criar rotinas de trabalho. Uma delas é anotar seus compromissos (reuniões, encontros, visitas a clientes e fornecedores), em agenda física ou eletrônica e, claro, consultá-la, de preferência no dia anterior. Reserve um tempo específico para ler e responder *e-mails* e crie pastas para arquivar o material de que realmente precisa, descartando todo o resto. Observe com disciplina os horários de refeição e os intervalos, para não perder tempo.

Ao usar a ilustração da ferramenta sem manutenção adequada, a Bíblia nos passa a lição vital de que planejamento e organização nos conduzem à eficiência, sem perda de tempo: "Trabalhar com um machado sem corte exige muito mais esforço; portanto, afie a lâmina" (Ec 10.10).

Peter Drucker (1909-2005), considerado o pai da administração moderna, sintetizou a questão com maestria: "A organização é um meio de multiplicar a força de um indivíduo".

Então, o que você está esperando? Comece, hoje mesmo, a se organizar!

23
Tire lições das derrotas

Mas o Senhor disse a Josué: "Levante-se! Por que você está prostrado com o rosto no chão?".
Josué 7.10

O Antigo Testamento traz muitas histórias de conquistas épicas, grandes triunfos e vitórias milagrosas do povo de Israel. São relatos empolgantes e inspiradores; porém, nem todo leitor da Bíblia dá a devida atenção às lições oriundas dos fracassos. Parece que nos acostumamos tanto a enxergar as vitórias, que as inevitáveis derrotas, quando acontecem, deixam-nos sem chão. A conquista de Canaã foi marcada por grandes milagres operados por Deus em favor de seu povo. Em diversas ocasiões, tudo parecia impossível, mas os judeus, abençoados por Deus, conquistaram cidades, subjugaram povos e destruíram inimigos.

A Escritura, no entanto, não deixa de mencionar, claramente, as derrotas sofridas por Israel, e o que as provocou. Certa vez, Josué subestimou a força do inimigo e decidiu atacar a cidade de Ai utilizando somente um pequeno contingente, preservando suas tropas para os combates que teria pela frente. Segundo os relatórios recebidos por Josué, o alvo não era bem defendido. Parecia fácil subjugar Ai, ainda mais depois da retumbante vitória contra a poderosa Jericó. Esse foi o início da derrota.

O triunfalismo, por si só, é inconsequente e perigoso, assim como o excesso de confiança sem bases minimamente sólidas. Ai podia ser menor e mais fraca que Jericó, mas, ainda assim, oferecia perigo aos invasores. Afinal, caberia a Israel tomar a iniciativa das ações e expor seus homens, enquanto os defensores locais estariam bem instalados em suas posições e já conheciam o terreno onde lutariam.

Como em qualquer batalha, todo cuidado seria pouco. Mas a desastrada ação militar dos hebreus foi movida, unicamente, pelos impulsos e, por que não dizer, pela soberba — e a estratégia negligente culminou em uma derrota inesperada e acachapante.

Humilhado perante sua gente e os inimigos, Josué chorou e lamentou-se perante Deus, que o ouviu e ordenou-lhe que se levantasse. Havia muito a corrigir no povo de Israel. O Senhor revelou os problemas e cobrou de Josué uma solução rápida e corajosa. O líder dos judeus, ouvindo atentamente, empenhou-se para resolver tudo com determinação. Foi somente depois de fazer o que lhe cabia e adotar uma postura mais humilde que Josué pôde direcionar corretamente as ações de guerra. O resultado: a vitória.

Isso também pode acontecer conosco no cotidiano profissional. Cegos pela soberba ou ludibriados pelas aparências, somos levados a subestimar situações perigosas e corremos o risco de amargar grandes prejuízos. Pior ainda é quando a derrota não é utilizada para dela extrair lições, corrigir rumos e mudar de atitude. "Não corrigir as próprias falhas é cometer a pior delas", disse Confúcio. Muitos de nós cometemos erros grosseiros no trabalho ou, até, na condução da carreira porque confiamos demasiadamente na própria capacidade, sem levar em conta os riscos de cada novo empreendimento. Se não há como garantir que sempre seremos vitoriosos, devemos agir para que as derrotas, ao menos, nos sirvam de aprendizado, como foi com Josué. Se aprendermos a corrigir nossos erros com humildade e estivermos dispostos a fazer melhor da próxima vez, possivelmente haverá uma nova chance.

Como você reage a uma derrota? Procura esquecê-la prontamente, como quem passa uma borracha em tudo, ou analisa cuidadosamente o que o levou a cair? Se sua reação é a primeira, eis aí um grande equívoco. Sem a consciência de seus erros, você, possivelmente, os repetirá. Mas, quando há humildade e coragem bastantes para analisar suas falhas, é grande a chance de não voltar a cometê-las.

24

Aprenda a ser versátil

Quando estive com os judeus, vivi como os judeus para levá-los a Cristo. Quando estive com os que seguem a lei judaica, vivi debaixo dessa lei. Embora não esteja sujeito à lei, agi desse modo para levar a Cristo aqueles que estão debaixo da lei. Quando estou com os que não seguem a lei judaica, também vivo de modo independente da lei para levá-los a Cristo. Não ignoro, porém, a lei de Deus, pois obedeço à lei de Cristo. Quando estou com os fracos, também me torno fraco, pois quero levar os fracos a Cristo. Sim, tento encontrar algum ponto em comum com todos, fazendo todo o possível para salvar alguns.
1Coríntios 9.20-22

Flexibilidade. Versatilidade. Adaptabilidade. Essas são características essenciais ao profissional do terceiro milênio. Em épocas anteriores, valorizava-se a especialização em uma única atividade. Assim foi na Revolução Industrial: um operário colocava o parafuso, outro apertava a porca. Hoje, ao contrário, quem exerce apenas uma única função é facilmente descartado. Ter múltiplas competências e ser flexível, sendo capaz de desempenhar várias atribuições, conforme a necessidade do contratante, são dois dos requisitos que mais pesam em favor da contratação.

As exigências do mercado de trabalho acompanham as evoluções da sociedade e as demandas da economia. Para ser bem-sucedido, não basta ao profissional ter excelente preparo e competência; o que se requer do trabalhador do século 21 é versatilidade, habilidade social, aprendizado constante e capacidade de adaptação a novas realidades.

Profissões outrora valorizadas pela tradição já não atraem tantos jovens, preocupados em não estagnar a carreira. Ao mesmo tempo, ocupações que nem existiam têm tido enorme procura justamente pela versatilidade que exigem, tornando o profissional mais adaptável. É o caso das carreiras que envolvem criatividade, como a área artística e cultural, o *marketing* e a comunicação; tecnologia, como as ciências da informática e a engenharia, em suas diferentes especializações; e as que envolvem estratégia, gestão, pesquisa e desenvolvimento.

Isso não significa que ofícios considerados tradicionais, como medicina, magistério ou advocacia, estejam imunes a novas demandas. Espera-se dos profissionais dessas áreas que se mantenham constantemente atualizados e sejam capazes de transitar por diferentes abordagens, assumindo novos papéis e adaptando-se a diferentes contextos. O apóstolo Paulo tinha uma aptidão comum em profissionais bem-sucedidos: era bastante polivalente. Para expandir a fé cristã pelo mundo, ele se adaptou, e muito bem, a vários papéis e contextos. Com rara sensibilidade para conhecer tradições e costumes dos locais por onde passava, Paulo conjugava os ensinamentos de Cristo à realidade dos seus ouvintes, o que potencializava o sucesso da evangelização.

O trabalhador apto a desempenhar diferentes funções tende a se sobressair em relação àquele cuja competência é restrita ao exercício de apenas uma. Mas, cuidado: isso está longe de significar superficialidade, como se, para ser versátil, bastasse saber um pouco de tudo. A versatilidade tampouco minimiza a importância de cursos de especialização. Um bom exemplo é o da Internacional Business Machines (IBM), megaempresa de tecnologia da informação. Em seu centro de pesquisas no Brasil, são admitidos apenas mestres e doutores; mas, além da exigência que sobre eles recai em suas especialidades, precisam trabalhar em projetos de outras áreas, a fim de se tornarem mais versáteis.

Para ser versátil, é preciso conjugar conhecimento, sensibilidade e sociabilidade. Fosse Paulo apenas um profundo conhecedor das

Escrituras, talvez se tornasse apenas mais um sábio enclausurado em seu mosteiro. Se, em contrapartida, fosse habilidoso somente nos relacionamentos, sem a necessária base cultural e intelectual, é possível que ouvíssemos falar dele apenas como um homem popular no seu tempo. No entanto, ele foi um dos mais bem-sucedidos evangelistas da história, tendo desempenhado papel fundamental para expandir o cristianismo por diferentes culturas. Além disso, deixou-nos vasta obra teológica, que está no fundamento da fé de mais de dois bilhões de pessoas.

E quanto a você? Fará sempre apenas aquilo que se espera de você ou se mostrará capaz de desenvolver outras habilidades e exercer novas funções?

25

Comprometa-se com seu trabalho

Então Jesus disse às multidões e a seus discípulos: "Os mestres da lei e os fariseus ocuparam o lugar de intérpretes oficiais da lei de Moisés. Portanto, pratiquem tudo que eles dizem e obedeçam-lhes, mas não sigam seu exemplo, pois eles não fazem o que ensinam. Oprimem as pessoas com exigências insuportáveis e não movem um dedo sequer para aliviar seus fardos.
Mateus 23.1-4

Certo funcionário, ainda jovem e em início de carreira, era prestativo e muito bem disposto no escritório em que trabalhava. Só que ele deparou com um gestor muito exigente. A cada tarefa cumprida e cada iniciativa própria, o chefe não demonstrava sequer um tímido sinal de agradecimento. O que vinha era uma nova tarefa. E outra. E outra. E outra. A situação chegou a tal ponto que o escriturário pensou em jogar tudo para o alto. Mas eis que um desconhecido lhe revelou que aquela situação extenuante era, na verdade, um teste para um cargo mais elevado, que só seria preenchido por alguém muito gabaritado e empenhado. Pediu-lhe, então, que suportasse um pouco mais, pois, logo, a recompensa viria. E, de fato, veio: o rapaz teve sua carreira alavancada e galgou novas posições em pouco tempo.

Jesus pediu a seus discípulos que cumprissem tudo que ordenassem os mestres da lei e os fariseus, ainda que esses não fossem capazes de cumprir suas próprias ordens. Ele deixou claro que o mais prudente é empenhar-nos com dedicação em tudo que fazemos, pois, assim, teremos a paz interior advinda da certeza do dever cumprido. Essa é uma paz de que não desfrutam aqueles que mandam, mas são incapazes de cumprir, e os que se limitam a, apenas, obedecer às ordens.

Ao agirmos de maneira proativa, potencializamos a chance de alguém valorizar nossa capacidade e, quem sabe, abrir-nos novas portas. Com dedicação constante, cedo ou tarde você será recompensado.

Comprometimento é uma das características que mais pesam na avaliação de um colaborador. Quem está disposto a contribuir e a "andar a segunda milha" tende a ir mais longe. Profissionais que funcionam apenas no "piloto automático" perdem competitividade e ficam pelo caminho. Busque autonomia com responsabilidade e prepare-se para novos desafios.

Um chefe é ruim ou uma empresa que não valoriza o comprometimento como deveria não é razão para ser mau profissional. Não que você deva aceitar tudo de pronto; você pode e deve questionar quando se sentir tolhido ou for incumbido de algo que não lhe deva ser atribuído. Uma boa maneira de saber até que ponto você deve ir é direcionar seu trabalho segundo a cultura da empresa.

Thomas Alva Edison (1847-1931), dono de uma das mentes mais criativas da história e que patenteou ou desenvolveu mais de 2.300 invenções, disse que os três grandes fundamentos para conseguir qualquer coisa são: trabalho árduo, perseverança e senso comum. Não se abstenha de conversar com seu gerente ou diretor para alinhar tarefas e descobrir áreas ainda inexploradas e que, talvez, nem tenham muito a ver com sua função, mas que oferecem espaço para sua atuação. Informe-se, também, acerca da política de retribuição da instituição em que você trabalha. É bem possível que haja algum tipo de benefício ou vantagem para o trabalhador que vai além do que se espera dele.

Então, o que você está esperando para dar tudo de si?

26

Não tenha medo de recomeçar

Perguntamos aos líderes: "Quem lhes deu permissão para reconstruir este templo e restaurar esta estrutura?". E exigimos os nomes deles, para que pudéssemos dizer ao rei quem eram os líderes. Esta foi a resposta: "Somos servos do Deus dos céus e da terra e estamos reconstruindo o templo que foi construído aqui muitos anos atrás, por um grande rei de Israel".

Esdras 5.9-11

Idealizar, projetar e construir é maravilhoso, mas reconstruir algo que foi arruinado por erros, crises e derrotas é muito mais desafiador. O livro de Esdras é fascinante. Narra a reconstrução do templo de Jerusalém após os israelitas terem retornado do exílio na Babilônia, em meados do século 4 a.C. Nas palavras de Deus anunciadas pelo profeta Ageu: "A glória deste novo templo será maior que a glória do antigo" (Ag 2.9), os sacerdotes e todo o povo de Israel encontraram forças para realizar com sucesso tamanha empreitada.

Percalços e, até mesmo, fracassos são naturais na vida profissional. Sobretudo em tempos de crise, não é raro ouvir falar de grandes empresas que fecham as portas, pondo fim ao sonho de milhares de pessoas. Caso emblemático é o da Varig, gigante da aviação brasileira que dominou o mercado nacional durante décadas até encerrar suas atividades em 2006, deixando um rastro de ações judiciais. Já a colombiana Avianca, para citar outro exemplo da aviação, esse com final mais feliz, esteve à beira da falência no início dos anos 2000. Porém, graças a um grupo de empresários, conseguiu se reerguer e hoje é uma das mais importantes companhias do setor na América Latina.

Imagine quanto pode ser desafiador o período entre a quase ruína e a volta por cima. A biografia de Walt Disney o coloca no patamar dos gênios. Criador do império de entretenimento que leva seu nome nos Estados Unidos e de personagens que são populares em todo o mundo, como Mickey Mouse e o Pato Donald, por pouco ele não ficou no anonimato. Com pouco mais de 20 anos, Disney foi demitido do jornal *Kansas City Star* por não ser considerado criativo! Ele tentou, então, empreender por conta própria, mas seu primeiro estúdio cinematográfico faliu em pouco tempo. Foi só na terceira tentativa de se estabelecer, agora em companhia do irmão na *Disney Brothers Cartoon Studios*, que o talento do jovem Walt floresceu. A partir da década de 1930, Disney emplacou um sucesso atrás do outro. Seus filmes, desenhos animados e histórias em quadrinhos viraram referência e, hoje, o grupo Disney controla parques temáticos, emissoras de TV, editoras e seus produtos licenciados estão presentes em todo o planeta.

Buscar forças dentro de si para recomeçar pode não ser nada fácil, mas é perfeitamente possível. Acredite nisso! Saiba que ficar parado sobre as cinzas ou seguir outro rumo é uma decisão que só você pode tomar na sua carreira. A primeira coisa a fazer é evitar o sentimento de culpa e as lamentações pelo ocorrido. Identifique de maneira clara e honesta onde foi que você errou e seja ágil na mudança. Aprimore-se nas áreas em que enfrenta mais dificuldades, potencialize seus pontos fortes e trace estratégias para a recolocação. Reinventar-se como profissional também pode ser preciso; sendo assim, não tenha medo de explorar novas possibilidades e, se for o caso, reiniciar tudo em outra área.

Toda aparente derrota vem carregada de aprendizado, e é disso que depende sua chance de não incorrer nos mesmos equívocos. Quando você enfrentar um grande revés no trabalho (seja um prejuízo, a perda de um negócio ou uma demissão), apesar do abalo emocional que situações assim naturalmente provocam, busque analisar cuidadosamente os fatores que o levaram a essa situação indesejada. Tal avaliação ajudará você a se reerguer — com mais maturidade e sabedoria.

27
Invista na sustentabilidade

Quando cercarem uma cidade e a guerra se prolongar,
não cortem as árvores com machados. Comam dos
frutos, mas não cortem as árvores. Acaso as árvores são
inimigos para que vocês as ataquem?
Deuteronômio 20.19

A edição do Fórum de Sustentabilidade e Governança realizada em Curitiba (PR), em agosto de 2017, apontou que a maioria dos executivos e gestores se preocupa com o impacto ao meio ambiente causado por suas empresas. Nada menos que 65% dos líderes ouvidos, entre coordenadores, gerentes e diretores, concordam que produtos e serviços oriundos de fontes eficientes e sustentáveis têm um diferencial no mercado. Estatísticas divulgadas por instituições de pesquisa e consultoria internacionais, como a Nielsen Holdings, revelam a nítida preferência dos consumidores por bens com selo ambiental: cerca de 70% das pessoas preferem adquirir bens e serviços de empresas que tenham implementado programas de sustentabilidade.

Sustentabilidade pode ser definida como o uso racional dos recursos naturais, de maneira a preservá-los para gerações futuras e promover o menor impacto possível no meio ambiente. Embora, lamentavelmente, a exploração predatória da natureza ainda esteja longe do fim, ela tem diminuído, e muito desse avanço se deve às políticas de sustentabilidade.

Ao longo de séculos, a exploração dos recursos naturais foi baseada em uma ideia equivocada de progresso, pois, se o lucro depende dos recursos naturais, não preservá-los implica um ganho apenas temporário. Além disso, séculos e séculos de uso irresponsável vêm causando danos irreparáveis à fauna, à flora, às fontes de água e, por extensão, a toda a humanidade, o que é bastante grave. Esse tipo de atitude contraria o mandato divino, pois a Bíblia deixa claro que Deus delegou ao homem a tarefa de administrar a criação e de zelar por ela, desde o Éden.

O Pentateuco, como é chamado o conjunto dos cinco primeiros livros da Bíblia, também menciona uma lei ambiental estabelecida por Deus, segundo a qual a terra poderia ser lavrada por sete anos, depois dos quais deveria ser observado um ano de "repouso", essencial à recomposição orgânica e à hidratação do solo. É relevante pensar que isso foi prescrito pelo Senhor milhares anos antes de as bandeiras ecológicas serem levantadas pelos grupos preservacionistas.

Engana-se quem pensa que práticas sustentáveis são de responsabilidade, apenas, dos governos e dos grandes conglomerados industriais. É essencial que, numa empresa, todos os níveis hierárquicos sejam envolvidos no uso consciente de energia, água e bens de consumo. Desde a separação do lixo entre material reciclável e detritos descartáveis até a utilização de papel com certificado de reflorestamento, qualquer iniciativa é bem-vinda nesse sentido. Contudo, o mais importante é a conscientização em torno da sustentabilidade, e ela não começa no gabinete da presidência ou na gerência. Sim, você é parte do processo e deve fazer o possível para se engajar nessa causa nobre.

A escolha está em nossas mãos. Podemos repetir erros de gerações passadas ou agir em benefício das atuais e futuras populações. No ambiente de trabalho, pequenas ações individuais de sustentabilidade podem inspirar outras, gerando grande impacto positivo. Certos documentos precisam mesmo ser impressos? E, se forem, que tal usar os dois lados do papel? E quanto ao consumo de energia? É realmente necessário deixar o computador ligado no horário de almoço ou quando saímos para reuniões? Copos descartáveis podem ser usados ao longo de todo o dia e a água do lavatório deve ser fechada enquanto você ensaboa as mãos ou escova os dentes.

Pergunte a si mesmo se você investe na sustentabilidade. Se não, por que não começa agora? E que tal inspirar seus colegas a fazer o mesmo? Há tempos, o meio ambiente, que é um legado do Criador para todos nós, pede socorro. Ajudemos a preservá-lo, enquanto é possível.

28
Comunique-se com clareza

Tenho muito mais a lhes dizer, mas não quero fazê-lo
com papel e tinta, pois espero visitá-los em breve e
conversar com vocês pessoalmente.
Então nossa alegria será completa.
2João 1.12

Etimologicamente, comunicar significa "tornar comum", mas a expressão comunicação envolve uma série de significados e desdobramentos, que vão desde o simples compartilhamento de ideias entre duas pessoas até a troca de informações entre organizações internacionais ou governos. Vivemos a era das comunicações; na aldeia global em que se transformou o planeta Terra, qualquer informação viaja no ciberespaço em milésimos de segundo. Se, nas gerações passadas, o uso do telefone discado foi a grande revolução tecnológica, permitindo que a voz fosse transmitida por cabos, nos dias de hoje a Internet aproxima os distantes e, com um simples *Enviar* clicado no smartphone, é possível transferir arquivos, imagens e vídeos em tempo real para qualquer canto do planeta — e, até, fora dele.

Em quase todos os postos de trabalho e empresas, a conversa pessoal está dando lugar aos *e-mails* e à comunicação via redes sociais, seja entre cliente e fornecedor, seja entre gestor e subordinados. Mas, será que os resultados são os mesmos? A despeito da inegável praticidade proporcionada por essas tecnologias, elas não oferecem os insubstituíveis benefícios de uma típica conversa olho no olho.

Muitas vezes, não basta falar e expressar ideias: é preciso ouvir e perceber se os interlocutores estão nos ouvindo de fato. Somente o contato pessoal nos permite perceber como somos interpretados e como interpretamos o outro. Em uma comunicação face a face, essa percepção é potencializada, pois extravasa o âmbito das palavras: gestos, expressões faciais, respiração, entonação da voz... tudo isso comunica e, consequentemente, enriquece o diálogo. Não podemos deixar de lado a maneira simples e efetiva de conversar com as pessoas. Isso não implica, é claro, abrir mão dos benefícios das ferramentas modernas de comunicação; mas, sim, saber em que ocasiões elas podem ser limitadoras.

Independente de como é realizada a comunicação no local de trabalho, que tal melhorá-la? A primeira das qualidades de nossa fala deve ser a clareza. Seja objetivo e escolha cuidadosamente as palavras que melhor expressem seus pensamentos. Desse modo, o diálogo será mais produtivo. É também muito importante escolher a linguagem ideal para cada contexto, pois um bate-papo descontraído com os colegas durante um *happy hour* ou uma pausa para o café tem uma linguagem bem distinta da que é adequada para uma reunião de trabalho.

Saber se expressar de maneira correta, educada e objetiva é a melhor maneira de ser compreendido por todos. Construir um bom relacionamento interpessoal no local de trabalho, através do qual as informações e opiniões circulem de maneira natural, potencializa enormemente os resultados. E cuidado não só com o que fala, mas *como* fala (Cl 4.6)! Seja respeitoso e formal sempre que a ocasião exigir.

Uma boa comunicação pessoal falada ou escrita melhora sua credibilidade, potencializa suas oportunidades e ajuda a criar um bom ambiente de trabalho. Assim como João, cujo texto abre este capítulo, Paulo, em várias de suas epístolas bíblicas, diz aos cristãos que fazia planos para estar com eles pessoalmente, pois entendia o valor do contato direto com os fiéis, levando-lhes palavras de ânimo, exortação e instrução — coisas que uma simples carta não seria capaz de promover.

Caso enfrente dificuldades, como a introversão ou a timidez excessiva, trabalhe sua autoestima e autoconfiança, a fim de transmitir segurança e confiança aos ouvintes. Para isso, pense bem antes de falar alguma coisa e domine o tema de que vai tratar.

Jesus é um grande exemplo de alguém que utilizava a voz para cativar o coração dos ouvintes; a autoridade com que falava e o conteúdo de seus ensinamentos eram absorvidos com facilidade pelas multidões. Assim como ele, é importante estar atento: seu modo de falar revela segurança, decisão, gentileza e espírito de liderança, ou confusão, desânimo, ansiedade e individualismo?

Comunique-se com clareza e logo você verá os resultados.

29

Quebre barreiras interpessoais

Jesus e seus discípulos estavam à mesa, acompanhados de um grande número de cobradores de impostos e pecadores. Quando os fariseus viram isso, perguntaram aos discípulos: "Por que o seu mestre come com cobradores de impostos e pecadores?".
Mateus 9.10-11

Uma das principais características de Jesus, durante seu ministério terreno, era o acolhimento a todo tipo de pessoa. Não à toa, transitava entre os estratos sociais da sociedade de sua época. Ele comia com os odiados cobradores de impostos, visitava pessoas de vida notoriamente pecaminosa, conversava com prostitutas, socorria deficientes físicos. Por sua proximidade com os marginalizados, o Filho de Deus era constantemente criticado por religiosos hipócritas, que não aceitavam o fato de que um judeu estivesse perto de gente que era considerada imunda. Em contrapartida, o Mestre também interagia com teólogos, não se furtava a atender os ricos e tampouco rejeitava os militares romanos, ainda que fossem parte do império que oprimia Israel.

Se Jesus Cristo tivesse permanecido isolado, como um pensador ou eremita, seus ensinamentos não teriam tido o mesmo impacto. Hoje, talvez, sequer tivéssemos notícia deles. Graças a esse comportamento acolhedor, contudo, ele serviu de modelo para muitas pessoas. Cada milagre realizado, cada pessoa salva, para além do bem concedido, era uma oportunidade de o Salvador conhecer diferentes realidades, anseios os mais diversos e presenciar variadas manifestações de humanidade.

Afora as grades, os portões e as cercas que guarnecem nossa casa, a sociedade ergue barreiras invisíveis. São muros levantados pelos mais diversos fatores: preconceito, medo, timidez, arrogância... No ambiente de trabalho, por exemplo, a divisão hierárquica de funções, embora necessária, pode servir de pretexto para a segregação social. Há quem se enclausure em seu cargo, sem sequer permitir o diálogo com pessoas de outras áreas, seja por se subestimar ou superestimar em relação a elas. Para o bem de tudo e todos, é importante derrubar essas barreiras invisíveis.

Respeito, diálogo e tolerância favorecem o aprendizado mútuo e tornam o cotidiano profissional mais humano e produtivo. Em seu trabalho, você conhece pessoas de diferentes funções? Conversa com elas? Aprende com o que fazem e dizem? Tem o hábito de partilhar dúvidas e pedir opiniões? Quais são as barreiras invisíveis em seu ambiente de trabalho? Você tem feito o que está ao seu alcance para derrubá-las?

O respeito ao outro deve ser, sempre, a base nas relações. Para que isso seja a regra, e não a exceção há algumas atitudes fáceis de pôr em prática e que ajudam muito. Uma delas é entender as diferenças. Seu colega pensa e vive de modo diverso do seu, e essa diferença, em vez de separar, pode unir, uma vez que ambos se enriquecem mutuamente. Saber separar questões pessoais das profissionais também é fundamental. Discuta ideias e debata opiniões, mas jamais ataque pessoas.

Boas relações interpessoais podem ser determinantes para o sucesso profissional. E uma das habilidades mais importantes nesse tipo de relacionamento é a empatia, ou seja, a capacidade de compreender o outro, colocando-se no lugar dele. Além de proporcionar uma convivência mais respeitosa e justa, a empatia contribui para a conciliação, característica valiosa no mundo corporativo. Quem se esforça para compreender opiniões e sentimentos alheios com base no olhar do outro certamente tem mais facilidade de encontrar soluções conciliadoras, o que favorece a formação de boas equipes e a concretização dos melhores negócios.

Quando analisamos a vida de Jesus, verificamos que ele foi uma pessoa empática. Isso pode ser observado, por exemplo, no episódio da ressurreição de Lázaro. Tendo chegado somente quatro dias após a morte do amigo, Jesus encontrou Marta e Maria desoladas com a perda do irmão. Elas eram mulheres de muita fé e, além da imensa dor da perda, sentiam-se desamparadas, pois Lázaro era o arrimo de família. Jesus se compadeceu daquele sofrimento ao chorar com elas e, em um segundo momento, ao trazer Lázaro de volta à vida.

A Bíblia diz: "No que depender de vocês, vivam em paz com todos" (Rm 12.18). Uma empresa é formada por um conjunto de pessoas com origens, histórias de vida, opiniões e valores diferentes, e elas nem sempre estarão dispostas a nos acolher. No entanto, que parta de nós o primeiro passo para a aproximação. A relação de trabalho não implica, necessariamente, a construção de amizades; mas, se nosso colega for, também, nosso amigo, melhor ainda.

30

Combata injustiças com serenidade

Então Pilatos lhe perguntou: "Você não ouve essas acusações que fazem conta você?". Mas, para surpresa do governador, Jesus nada disse.
Mateus 27.13-14

Falsas acusações, conclusões precipitadas, intrigas. Quantas vezes ficamos enfurecidos diante de tais situações, não é verdade? Jesus nos ensina a manter a calma nas circunstâncias mais adversas, a controlar impulsos e a agir sempre com convicção e moderação. Nem mesmo quando o acusavam, ironicamente, de ser o "rei dos judeus", fato que, humanamente falando, o levaria à cruz, o Salvador perdeu o controle. Ali estava o Filho de Deus, absolutamente inocente dos delitos que lhe atribuíam, perante a autoridade que poderia absolvê-lo ou condená-lo à morte. Mesmo assim, Jesus manteve a serenidade, sabendo que tudo ocorria conforme o plano de Deus Pai. Afinal, ele estava certo de que a verdade triunfaria; tanto, que ele ressuscitou dentre os mortos, provando ao mundo ser o Filho de Deus e o rei não só dos judeus, mas de todo o Universo.

No Antigo Testamento, lemos como José, filho de Jacó, também sofreu uma grande injustiça. Trabalhando na casa do egípcio Potifar — prestigiado líder militar do reino do faraó –, ele logo conquistou a confiança de seu senhor, graças ao trabalho diligente e íntegro que desenvolvia. Mas ele também atraiu outro tipo de "admiração": a mulher de Potifar tentou seduzi-lo, embora ele a rejeitasse, sob o argumento de que não poderia trair seu patrão e, muito menos, seu

Deus. Foi o suficiente para que ela o acusasse injustamente, atribuindo a José a iniciativa pela transgressão. Mesmo inocente, o jovem hebreu foi preso e amargaria muito tempo na cadeia até ser, finalmente, reabilitado. Contudo, manteve-se fiel aos seus princípios.

No trabalho, se formos acusados sem motivo, devemos, antes de tudo, avaliar se, de fato, estamos sendo injustiçados. As alegações a nosso respeito podem não ser nada além de simples comentários maliciosos ou fofocas, sem maior gravidade. Pondere se o resultado disso não passou de mera irritação ou se, de fato, pode prejudicá-lo, como seria uma falsa acusação ou a imputação de um erro alheio. Aí, sim, será necessário agir. Porém, deixe para fazê-lo quando você estiver mais calmo. Palavras ditas no calor das emoções negativas podem levá-lo ao arrependimento e serão difíceis de contornar. Lembre-se de que seu destempero pode acabar dando razão ao falso acusador.

Se estamos conscientes de nossa inocência, podemos apresentar nossos argumentos e motivações com calma. É importante fazer um pequeno resumo ou levantamento dos fatos que desencadearam o episódio, já que, contra fatos, as palavras perdem importância. Procure, primeiro, a pessoa que o julgou de forma equivocada. É possível que tudo não tenha passado de um mal-entendido e o assunto morrerá ali. Se, ainda assim, não for ouvido, é prudente procurar testemunhas e juntar documentos que confirmem sua inocência — se for o caso, perante as instâncias superiores.

O texto do livro bíblico de Provérbios traz uma séria advertência: "Quem semeia injustiça colhe desgraça" (Pv22.8). Façamos nossa parte e confiemos que a verdade virá à tona. Se você já foi injustiçado no trabalho, qual foi sua reação? Já testemunhou a injustiça de alguém? Lembre-se de que nem sempre a falsa acusação é fruto de má-fé: tudo pode ter sido motivado por um erro de avaliação ou por uma informação errada. De todo modo, não se exalte. Tenha frieza o bastante para esclarecer tudo, seja em benefício próprio, seja em defesa de alguém.

31

Planeje a médio e longo prazos

Semeie pela manhã e continue a trabalhar à tarde, pois você não sabe se o lucro virá de uma atividade ou de outra, ou talvez de ambas.

Eclesiastes 11.6

Após uma longa e terrível estiagem, Deus prometera agraciar seu povo com colheitas tão fartas que transbordariam: "As eiras voltarão a se encher de trigo, e os tanques de prensar transbordarão de vinho novo e azeite" (Jl 2.24). Mas, para que sua promessa fosse cumprida com êxito, era necessário o empenho de todos. E o povo não decepcionou; animados com a perspectiva de sucesso, todos puseram mãos à obra. A fartura de que se beneficiaram em muito se deveu ao esforço coletivo. Para que os celeiros ficassem cheios de trigo, foi necessário semear e cultivar bem a lavoura. A obtenção do azeite exigiu semelhante disciplina, desde o cuidado com as oliveiras, passando pela colheita dos frutos, até a passagem deles pela moenda. Um bom mosto — sumo das uvas — só foi possível de obter porque os frutos foram bem cuidados nas parreiras e esmagados corretamente nos lagares.

Estabelecer metas a médio e longo prazos nos leva ao êxito, desde que mantido o empenho em atingi-las. Ter objetivos claros e mensuráveis ajuda-nos a ter foco e propósito, com motivação. Foco é a capacidade de concentrar nossa força, competência e empenho durante determinado período, visando a algo que desejamos conquistar ou realizar. No caso das metas mais distantes, o risco é perder o foco pelo caminho, principalmente nas primeiras etapas, ante a demora dos resultados.

Tão importante quanto manter o foco é ter consciência do que de fato é relevante. Valores, crenças e princípios são bases que pavimentam o caminho que desejamos seguir e balizam nossas escolhas. Há o tempo de planejar, o tempo de executar e o tempo de desfrutar das conquistas. De que servem boas expectativas, se não trabalhamos pacientemente para que se tornem realidade? De nada adianta um orçamento robusto, se nos faltam competência e empenho para convertê-lo em bons resultados. Da mesma forma, não se podem pular etapas ou deixar de dar-lhes o devido cuidado, sob pena de comprometer todo o processo.

O trabalho realizado a longo prazo dá excelentes resultados, e o mundo esportivo demonstra isso de maneiras inequívocas. A seleção de futebol da Alemanha, vencedora da Copa do Mundo no Brasil, é um exemplo da disciplina rígida e do metódico senso de preparação do povo germânico. Craques como Müller, Schweinsteiger, Lahm e Klose, que ergueram o caneco em 2014, vinham jogando juntos desde o Mundial de 2006. Muitos titulares do time campeão atuaram nas divisões de base, o que favoreceu o entrosamento e o rendimento da equipe. Enquanto isso, o Brasil, conhecido como o país do futebol, perdeu competições importantes justamente pela descontinuidade do trabalho a cada temporada.

O problema é quando a prioridade na satisfação imediata nos leva ao fracasso em empreitadas que exigem mais cautela e paciência. Ainda falando sobre esporte, pense na prova de maratona. Com mais de 42 quilômetros, ela requer grande disciplina do atleta. Um corredor mais afobado pode até sair na frente dos concorrentes e abrir uma distância considerável; porém, com o tempo, não conseguirá manter o ritmo e será facilmente ultrapassado. Quantas vezes você começou um projeto com entusiasmo, mas, com o tempo, ficou pelo caminho ou trocou aquele trabalho pela primeira novidade que surgiu?

E na sua carreira? Você a administra com visão no futuro ou é imediatista, deixando de lado boas perspectivas em nome de uma vantagem imediata e efêmera? Antes de iniciar uma empreitada, pergunte a si mesmo se aquela ideia atende a seus objetivos de longo prazo e justificam a energia e os recursos que você terá de empenhar nela. Se, após refletir, desejar ir em frente, dedique-se àquele projeto com obstinação, mantendo o curso ainda que experimente obstáculos.

Além disso, trace planos acerca da posição que você deseja ocupar em cinco, dez ou quinze anos, e siga naquela direção. Por mais longo que seja um processo de trabalho, empenhe-se em todas as etapas. Executar bem cada uma delas diminuirá sua ansiedade e lhe dará mais indícios de estar no caminho certo. Nas palavras do poeta Fernando Pessoa: "põe quanto és no mínimo que fazes".

32
Desenvolva visão holística

*Feliz é a pessoa que encontra sabedoria, aquela que
adquire entendimento. Pois a sabedoria dá mais lucro
que a prata e rende mais que o ouro.*
Provérbios 3.13-14

Já se foi o tempo em que, para o sucesso profissional, bastava ao trabalhador desempenhar uma função específica. Da mesma forma, ficou no passado a crença de que o estudante com uma única formação acadêmica estava habilitado para seguir nela por toda a vida profissional. Novos tempos, novas práticas; e o que antes se considerava como mero diferencial é tido, hoje, como pré-requisito. O mercado de trabalho é cada vez mais exigente e, nesse cenário competitivo, tendem a sobressair pessoas com a chamada visão holística, expressão derivada do grego *hólos* ("inteiro") que envolve a interação com os fenômenos em sua totalidade de causas e consequências.

Logo, o profissional holístico é multifuncional, dinâmico e domina diferentes competências nas áreas de produção, planejamento, gestão e relações humanas. Ele tem visão do todo, e não se ocupa, apenas, com suas próprias funções; sendo assim, sente-se responsável pelo sucesso do grupo em que está inserido. Também entram na equação o alinhamento com os valores e a missão da empresa, bem como habilidade social e equilíbrio psicológico, além da já falada inteligência emocional. É preciso, portanto, quebrar paradigmas, evoluir e aprender sempre, em um processo de crescimento sistêmico. Nenhum ser humano sabe tudo, e ninguém pode se acomodar com o que já aprendeu. O conhecimento é o nosso bem mais valioso; então, sempre é tempo de renová-lo e ampliá-lo, visando à constante atualização.

Um exemplo dessa multiplicidade de competências é o personagem bíblico Samuel. Ele viveu no século 11 a.C. e, além de juiz do povo hebreu, tornou-se sacerdote e profeta. Samuel tornou-se um dos mais preeminentes líderes do Antigo Israel. Desde menino, foi consagrado ao Senhor e, à medida que Deus lhe designava novas funções, ele as assumia com todo fervor, empenhado em ser instrumento divino para a promoção do bem de seu povo. Coube a Samuel ungir Saul e Davi, os dois primeiros reis de Israel, e foi presença marcante e decisiva em muitas conquistas dos hebreus. Ele exercia suas várias funções de maneira multidisciplinar, de modo que um papel não se sobrepunha aos outros, pelo contrário, em diversos trechos dos livros de 1Samuel e 2Samuel, o vemos conjugando de maneira irretocável a autoridade civil e as atribuições espirituais.

Visão holística tem a ver com uma abordagem sistêmica acerca da organização, dos processos de trabalho, da estrutura e das pessoas envolvidas. Para se tornar um profissional de excelência, o indivíduo deve se perceber como parte de um amplo contexto que inclui a filosofia do grupo em que está inserido, sua trajetória e estratégia.

Sempre é possível ampliar o conhecimento, e não apenas por meio do ensino formal, mas, também, do interesse em conhecer melhor seu ambiente de trabalho: quais valores são defendidos, quais funções desempenha cada um de seus colegas, como se relacionam os diferentes departamentos, entre outros aspectos.

Dê o primeiro passo para se tornar um profissional polivalente, desenvolvendo uma visão holística sobre seu trabalho. Procure conhecer e entender os processos desenvolvidos nos outros setores de sua empresa, mesmo que, aparentemente, tenham pouco a ver com seu serviço. Entenda que você não é, apenas, uma peça na engrenagem; suas capacidades são únicas e precisam estar interligadas com a dos outros profissionais, a fim de que o potencial máximo seja atingido.

33
Não se deixe levar pelas aparências

*Quem contrata um tolo ou o primeiro que passa
é como o arqueiro que atira ao acaso.*
Provérbios 26.10

O episódio bíblico mais evidente acerca do erro de fazer escolhas com base, unicamente, na aparência é o que se refere à unção de Davi como rei de Israel. Embora fosse um homem sábio e tivesse grande temor a Deus, o profeta Samuel, por pouco, não se precipitou na indicação daquele que haveria de substituir o então rei, Saul. Deus havia ordenado que Samuel fosse até à casa de um homem chamado Jessé, em Belém, porque um de seus filhos chegaria ao trono. Ao ver o filho mais velho, Eliabe, alto e de boa aparência, o profeta pensou: "Com certeza este é o homem que o SENHOR ungirá!" (1Sm 16.6). Contudo, Deus o repreendeu: "Não o julgue pela aparência nem pela altura, pois eu o rejeitei. O SENHOR não vê as coisas como o ser humano as vê. As pessoas julgam pela aparência exterior, mas o SENHOR olha o coração" (v. 7). Assim, Jessé apresentou sete de seus filhos ao homem de Deus, mas nenhum deles era o escolhido. E não foi sem surpresa que Samuel recebeu a ordem divina para ungir justamente Davi, o mais novo, que estava cuidando dos animais e, por pouco, não passou despercebido.

Uma das decisões mais delicadas para as organizações empresariais é a escolha de seus funcionários. Como conhecer, avaliar e selecionar as pessoas que mais atenderão às necessidades do cargo oferecido? O departamento de Recursos Humanos, normalmente, é o que cuida dessa decisão tão estratégica. Maus profissionais não apenas dão prejuízo, como podem pôr a estrutura em perigo. Por isso, é preciso toda atenção e critério na escolha de quadros. E, se você está na outra ponta, candidatando-se a uma vaga, saiba que, embora o sucesso dependa de uma enorme gama de fatores, seu maior adversário sempre será você mesmo.

Esse tema também aparece na Bíblia. Nela, podemos encontrar conselhos sobre como fazer as melhores escolhas. Um deles é não contratar "o tolo" nem "o primeiro que passa". Tolo é o indivíduo descomprometido, que vive, como se diz, no mundo da lua, alheio a suas obrigações e à aquisição de novos conhecimentos. Esse tipo de empregado não cria vínculos com a empresa nem com os colegas de trabalho. Já "o primeiro que passa" é aquele escolhido simplesmente por estar à disposição, ou seja, ao contratá-lo, foram ignoradas suas capacidades ou defeitos, o que implica um sério risco a quem o empregou. Sim, pois, se mesmo após passar por longos e criteriosos processos seletivos, alguns profissionais mostram-se aquém do desejado no cotidiano de trabalho, o que dizer de escolher alguém a esmo?

Mesmo que uma empresa não tenha um departamento especializado em cuidar do recrutamento e da seleção, é muito importante investir nessa área, quer pela ajuda de terceiros, quer pela criação de regras simples — normas que deverão ser seguidas à risca no momento da contratação de novos colaboradores, tais como análise do currículo, para verificação de preparo e habilidades; identificação do perfil desejado para cada cargo; entrevista com o candidato, a fim de avaliar seus predicados pessoais, temperamento e modo de agir; análise do *marketing* pessoal, para identificar quais valores defende e que tipo de comportamento adota e, naturalmente, checagem de suas referências e experiências profissionais.

Não existem pessoas perfeitas, é claro; no entanto, podemos acreditar na existência de gente sincera, transparente, com vontade de exercer uma profissão com zelo, amor, compromisso e respeito. Não é nada fácil montar uma equipe, e até mesmo Jesus enfrentou problemas com a sua. Dentre os doze discípulos escolhidos, havia gente mesquinha, individualista e até mesmo um que se mostrou traidor, Judas Iscariotes. Uma análise superficial do grupo mostraria que Jesus se precipitara na escolha dos nomes. Mas, não; tudo foi feito debaixo de oração e os seus seguidores, em pouco tempo, dariam mostra de seu valor e capacidade.

Podemos aprender muito com essa atitude de Jesus. Ele não se deixou guiar pelas aparências, mas sim pelo potencial que enxergava em cada um e pela habilidade dele em capacitar aqueles homens para a grande missão para a qual foram designados. Da mesma forma, no ambiente profissional, as escolhas precisam ser precedidas de preparo, estudo e planejamento. Seja no recrutamento e seleção de pessoas para as atividades operacionais, seja na formação de equipes para determinado projeto, as escolhas precisam ser, acima de tudo, criteriosas. Com preparo e sensibilidade, é mais fácil não se deixar levar pela mera aparência.

34
Descanse com regularidade

*No sétimo dia, Deus havia terminado sua obra de criação
e descansou de todo o seu trabalho. Deus abençoou o
sétimo dia e o declarou santo, pois foi o dia em que ele
descansou de toda a sua obra de criação.*

Gênesis 2.2-3

Descanso e lazer exercem papel fundamental para o bem-estar dos colaboradores de uma organização. Após uma exaustiva jornada de trabalho, nada melhor do que o merecido e sagrado repouso. Esse é um direito do qual não se pode abrir mão. É bem verdade que eventuais aumentos de demanda ou problemas financeiros podem exigir horas extras de trabalho; porém, quando essa sobrecarga se torna um hábito, alimentado pela compulsão ou pela ganância, as consequências podem ser terríveis para o próprio profissional e para quem está ao redor.

Pensemos nas preciosas horas de convivência perdidas entre amigos, casais, pais e filhos, ou nos danos à saúde física, emocional e espiritual de quem não se disciplina nessa área. Nenhum ganho financeiro poderá compensar os danos à saúde e o desgaste dos relacionamentos pessoais e familiares provocados pelo excesso de trabalho. Isso, sem falar no tempo não vivido, que jamais volta.

Uma das parábolas contadas por Jesus é a do rico insensato. Certo homem dedicou a vida ao acúmulo de riqueza e chegou a um ponto em que não tinha mais espaço para armazenar tudo que produzira. Decidiu, então, derrubar seus celeiros, que estavam cheios, e construir outros, ainda maiores, a fim de acumular mais e mais bens. Ao fim de tudo, disse a si mesmo: "Amigo, você guardou o suficiente para muitos anos. Agora, descanse! Coma, beba e alegre-se!" Todavia, já era tarde. Deus lhe disse: "Louco! Você morrerá esta noite. E, então, quem ficará com o fruto do seu trabalho?" (Lc 12.16-21).

Essa parábola nos faz pensar naquelas pessoas que, tendo trabalhado exaustivamente com o único propósito de acumular bens, morrem de repente, deixando sua riqueza para os outros, sem nunca tê-la aproveitado ou dela partilhado com os mais necessitados. De que adiantou para o rico da parábola abdicar da própria vida para trabalhar tanto? O fato é que até o Deus todo-poderoso valorizou o descanso. Segundo o livro de Gênesis, após seis dias de trabalho intenso na criação do mundo, ele reservou o sétimo para o próprio repouso, ocasião em que pôde apreciar sua obra.

O exemplo de Deus é claro: não basta trabalhar; é preciso interagir com o fruto do seu trabalho e apreciá-lo. Não à toa, o quarto mandamento é exatamente este: reservar um dia para o descanso. Assim nasceu a noção do descanso sabático, consagrado em todo o mundo como um período regular de interrupção das atividades laborativas — algo essencial à saúde física e mental do trabalhador.

Outras passagens bíblicas ressaltam a importância do repouso após o trabalho, como, por exemplo, Êxodo 23.12. No texto, há recomendações explícitas: "Vocês têm seis dias da semana para realizar suas tarefas habituais, mas não devem trabalhar no sétimo". A Escritura vai além, incluindo os servos, os refugiados e até os animais: "Desse modo, seu boi e seu jumento descansarão, e os escravos e estrangeiros que vivem entre vocês recuperarão as forças".

Corpo, mente e espírito precisam de descanso. Daí, a importância do lazer, do entretenimento, da convivência com pessoas queridas e do fortalecimento da fé, ao se aprofundar nos ensinamentos espirituais. Nada justifica o trabalho sôfrego e sem descanso. Ainda que sua atividade profissional ou maus patrões exijam isso de você, não se conforme com essa situação. Sempre haverá alternativas que lhe proporcionem momentos de refrigério, em que você possa fazer aquilo de que gosta ou, se preferir, simplesmente não fazer nada.

Prepare-se melhor, esteja atento a novas oportunidades e leve a sério a necessidade de descansar, regularmente, de suas atividades profissionais — seja nos fins de semana ou nas folgas. E evite, ao máximo, "vender" suas férias. Elas existem para lhe permitir afastamento completo de suas labutas, a fim de "recarregar as baterias", como se diz popularmente.

A Bíblia compara nosso corpo a um templo, e essa metáfora da vida pessoal com o sagrado deixa bem clara a importância de nos cuidarmos bem. Você valoriza seus momentos de descanso ou é daqueles que, se pudesse, trabalharia o tempo todo? Suas atividades, nos dias de folga, contribuem para a renovação de seu corpo, da sua mente e do seu espírito? Com base nesses três pilares da saúde, avalie a qualidade do seu descanso e faça as mudanças necessárias no seu estilo de vida.

35

Valorize o trabalho em equipe

Salomão resolveu construir um templo em honra ao nome do SENHOR, e um palácio para si próprio. Convocou 70.000 carregadores, 80.000 homens para cortarem pedras na região montanhosa e 3.600 chefes para supervisionarem as obras.
2Crônicas 2.1-2

Salomão, filho de Davi, foi o terceiro rei de Israel escolhido por Deus. Ele governou os hebreus em um período crítico, no qual era preciso consolidar a nação e estabelecê-la, definitivamente, na terra prometida. O maior desafio de seu reinado, porém, não foi na política ou nas relações internacionais: era sua responsabilidade construir o templo, símbolo máximo da religiosidade judaica e da presença de Deus entre seu povo, conforme o Senhor dissera a Davi. Era um projeto audacioso, para o qual seriam necessários vastos recursos e numerosa mão de obra.

A Bíblia conta que Salomão soube mobilizar os judeus para a empreitada, sendo que cada trabalhador recebeu uma incumbência. Enquanto um grupo ficou responsável pela colheita da madeira, outro foi encarregado de extrair as pedras das colinas. Carregadores, capatazes e apontadores também foram recrutados, assim como decoradores e artífices, a quem coube o delicado trabalho de confecção dos ornamentos sagrados. Após sete anos, a obra foi concluída, graças, sobretudo, à cooperação entre as pessoas envolvidas. Cada qual colaborou com seu talento e habilidade, sem que houvesse competição, inveja, ciúmes ou qualquer tipo de preconceito. Houve troca de experiências, esforço e respeito mútuos, tudo em prol do grandioso projeto.

Jesus formou seus discípulos ensinando-os a trabalhar uns com os outros em favor da obra de Deus. O Mestre soube explorar os dons e as habilidades de cada um de seus seguidores. Pedro e André, por exemplo, exerciam a pesca como profissão. Por isso, Jesus, ao chamá-los, lhes disse: "Sigam-me, e eu farei de vocês pescadores de gente"(Mt 4.19),mostrando que a cooperação pode multiplicar esforços e alcançar excelentes resultados. Ainda que, há dois mil anos, a expressão "gestão de pessoas" não existisse, foi exatamente isso o que Jesus fez com seus discípulos durante os três anos de seu ministério terreno. Graças a esse cuidado, os apóstolos, mesmo após sua morte e ressurreição, foram capazes de propagar a mensagem do evangelho até aos confins do mundo conhecido.

Montar equipes, gerir pessoas e mobilizar grupos de trabalho não é uma tarefa exatamente fácil. Ao contrário, gente costuma ser complicada, e cada colaborador tem suas vontades, seu modo de ver as coisas e suas opiniões. Uma gestão de pessoas eficaz requer grande capacidade de se relacionar, saber administrar problemas e manter o foco coletivo em prol das metas traçadas. Não basta, apenas, capacitar os colaboradores; é preciso cuidar deles. Somente assim um grupo de trabalhadores muito diferentes uns dos outros poderá adquirir homogeneidade de propósitos.

A cooperação entre pessoas leva à potencialização da capacidade de trabalho de cada uma. Equipes eficientes são aquelas que proporcionam o diálogo entre seus integrantes, a fim de que o saber comum se consolide e seja mais forte do que as opiniões individuais. Reconhecer o trabalho do outro, ouvir as opiniões alheias e manter o grupo motivado é necessário tanto aos gestores quanto aos colaboradores. Somente assim é possível potencializar talentos e manter a unidade do grupo. Mais uma vez, a chave do sucesso é estimular relacionamentos saudáveis. A competição pode — e deve — existir, na medida em que motiva cada um a buscar, continuamente, a excelência. As dificuldades começam a surgir quando a saudável disputa pelo espaço se torna rivalidade destrutiva. No exemplo bíblico, o rei Salomão foi capaz de exercer uma liderança positiva, direcionando as atividades, cobrando resultados e recompensando o esforço de seus súditos.

O detalhe é que cooperação não significa, necessariamente, submissão. É claro que hierarquias precisam ser respeitadas, mas cada integrante da equipe deve ser estimulado a agregar diferentes habilidades e visões em prol do bem comum. Um trabalho coletivo é muito mais proveitoso quando combina as diferentes competências de seus participantes. Portanto, não hesite em apresentar novas ideias e discordar de outras, desde que o propósito seja o sucesso coletivo. Em seu trabalho, coopere, sempre. Sozinho, é até possível ir mais rápido; mas, com cooperação, você chega muito mais longe.

36
Saiba liderar e ser liderado

As autoridades não causam temor naqueles que fazem o que é certo, mas sim nos que fazem o que é errado. Você deseja viver livre do medo das autoridades? Faça o que é certo, e elas o honrarão.

Romanos 13.3

Na sua opinião, a liderança é um dom ou é algo que pode ser ensinado? Se tomarmos como base o *slogan* da escola de negócios mais famosa do mundo, a Harvard Business, dos Estados Unidos, ser líder é algo que, sim, pode ser aprendido: "Nós educamos líderes que fazem a diferença no mundo". Só que semelhante questionamento está longe de ter uma resposta única. Talvez, a maneira mais adequada de abordar esse assunto seja pensando a liderança não como dom, ou seja, talento inato, mas como habilidade. Desse modo, algumas pessoas carregam dentro de si características que, se desenvolvidas, poderão fazer delas líderes.

Isso não quer dizer, absolutamente, que o líder já nasce feito. Como toda habilidade, a liderança só é descoberta e aprimorada mediante exercício. Com a prática, haverá indivíduos com mais facilidade para exercer funções de comando; mas, também, haverá aquelas que, aos poucos, se tornarão líderes. Por fim, quem não tem perfil para a liderança deixará isso claro, mais cedo ou mais tarde. Entre os discípulos de Jesus, por exemplo, Pedro logo se revelou um líder. Ele possuía particularidades que afloraram no convívio com o grupo: tinha iniciativa, chamava para si a responsabilidade e era um tanto impulsivo. Para os outros, contudo, a capacidade de liderança só veio com o tempo, como no caso de Tiago, Filipe e João, que logo exerceriam grande influência no nascente cristianismo.

Se você é daqueles que desejam ser líderes, mas nunca esteve à frente de uma equipe por acreditar que não tem dom para isso, deixe de lado esse medo e tente. Somente então, a partir dos resultados e dos retornos obtidos, tire conclusões. Desmistificar a liderança é o primeiro passo para exercê-la. Para isso, é preciso aprender a exercer autoridade e a submeter-se a ela. Não existe liderança sem autoridade reconhecida. Todos já ouviram a máxima "Manda quem pode e obedece quem tem juízo". No entanto, o erro mais comum no exercício da liderança é incorrer no autoritarismo. Ora, quem age corretamente em relação à autoridade não tem o que temer dela, como deixa claro o texto de Romanos que abre este texto.

Houve um centurião romano a quem Jesus considerou um dos maiores exemplos de fé. Embora a Bíblia não mencione seu nome, descreve-o como um homem respeitado, justo e temente a Deus. Aquele militar sabia liderar com justiça, respeito e ética; tanto que gozava de respeito e apreço entre os judeus da região de Cafarnaum. Ele até construíra, com recursos próprios, uma sinagoga para que os israelitas se reunissem.

Em certa ocasião, o centurião viu-se às voltas com um drama pessoal. Um de seus servos, de quem gostava muito, estava à beira da morte. Conhecedor do poder daquele que era chamado de Cristo, o oficial pediu a alguns amigos que intercedessem junto ao Mestre pela cura do moço. Jesus, de maneira surpreendente para muitos, se dispôs a ir à casa do centurião, mas este não o admitiu. "Senhor, não se incomode em vir à minha casa, pois não sou digno de tamanha honra. Não sou digno sequer de ir ao seu encontro. Basta uma ordem sua, e meu servo será curado" (Lc 7.6-7), mandou amigos lhe dizerem.

A humildade do centurião em muito se deveu ao reconhecimento da autoridade de Jesus. Comandante das forças romanas, aquele homem reconheceu em Jesus um líder espiritual: assim como os soldados romanos deviam acatar prontamente as determinações do centurião, as forças do plano espiritual acatavam as ordens de Jesus.

Esse episódio nos ensina valores importantes para relacionamentos hierárquicos, no âmbito familiar, profissional ou espiritual: respeito, sensibilidade e humildade. Os maus líderes conquistam e exercem a autoridade à força; já os bons o fazem com respeito. Agora, pensemos no ambiente de trabalho. A truculência e a intolerância de certos líderes só geram transtornos: acirram ânimos, geram desconfiança e instauram um clima de apreensão, fatores que afetam negativamente o rendimento de toda equipe.

Em contrapartida, pessoas que lideram com respeito e sensibilidade legitimam sua autoridade por sua competência e mérito. Assim, impulsionam e capacitam seus subordinados, conquistando a confiança e a admiração deles. Importante, porém, é não confundir truculência com pulso firme: enquanto uma se caracteriza pela imposição de autoridade à força e sem diálogo, liderar com firmeza é manter-se determinado em atingir o alvo. Isso não significa abdicar do diálogo, mas discernir quais posturas da equipe contribuem para o bem do grupo e quais devem ser rejeitadas por prejudicar a consecução do objetivo traçado.

37
Seja leal a chefes e colegas

*Davi cumpria com êxito todas as missões
de que Saul o encarregava. Então
Saul lhe deu uma posição de comando
no exército, o que agradou tanto ao
povo como aos oficiais de Saul.*
1Samuel 18.5

O livro de 1Samuel relata a consolidação de Israel como reino; primeiro, sob Saul e, mais tarde, com Davi no trono. Porém, antes de se tornar rei, Davi passou por muitas provas. A vitória épica contra o gigante Golias foi muito importante, pois revelou a Saul o valor daquele jovem filho de Jessé. Acolhido na corte, Davi servia seu rei com lealdade, inclusive tocando harpa para acalmar o perturbado monarca. Satisfeito com seu fiel súdito, que lhe dera todas as demonstrações de bravura, Saul conferiu cada vez mais responsabilidades ao rapaz, que cumpria com êxito todas as missões recebidas, conforme o relato bíblico. Finalmente, o rei pôs Davi em uma posição de comando no exército. Ali, por diversas ocasiões, ele deu demonstrações de que era leal ao seu Deus e ao seu rei, mesmo quando Saul, mais tarde, passou a persegui-lo.

Lealdade. O que essa palavra significa para você? Um indivíduo leal é aquele que jamais trai seus chefes ou colegas de trabalho. Ele honra seus compromissos e cumpre suas responsabilidades. Uma das primeiras atitudes que um empregador espera de seus funcionários é comprometimento com a empresa, e isso implica uma série de comportamentos. Saiba que, na sua carreira, o nível de comprometimento com as pessoas desempenha importante papel para conduzi-lo ao sucesso ou ao fracasso.

Comprometimento rima com envolvimento, e não é por acaso, pois ambas as posturas caminham juntas. Um profissional está envolvido em seu trabalho quando é ativo, colaborador, participante, motivado e disponível. Mais do que as palavras, são as posturas que revelam quem é uma pessoa. No trabalho, a postura de um profissional começa a ser revelada quando ele é assíduo. O mínimo que se espera de um colaborador é que compareça diariamente ao trabalho, exceto em casos de comprovada impossibilidade, como as emergências familiares ou problemas de saúde. É lamentavelmente comum, no Brasil, a cultura do "atestado médico": o empregado falta por um motivo qualquer e justifica a ausência alegando problemas de saúde.

Lealdade profissional é, também, ser pontual nos horários e prazos estabelecidos. Cumpra sua jornada de trabalho integralmente e realize as tarefas até as datas estabelecidas; se possível, antes. Não espere que a empresa se adapte às suas rotinas; é você quem deve se planejar corretamente e ter o compromisso de comparecer na hora marcada e cumprir suas tarefas integralmente. Ser comprometido é estar atento aos problemas que surgem no dia a dia e colaborar com a sua solução. Quem se compromete com o trabalho nunca alega que não tem "nada com isso"; antes, mostra-se solícito e procura, dentro das possibilidades, colaborar com os colegas e gestores. Hoje, os departamentos de Recursos Humanos das empresas têm métodos estatísticos para aferir o nível de comprometimento dos profissionais sob sua responsabilidade, levando em conta a assiduidade, a pontualidade, a participação e o rendimento de cada colaborador. Tenha a consciência de que você é observado em tudo que faz.

Uma das mais lindas histórias de compromisso da Bíblia é a que envolveu Rute e sua sogra, Noemi. Atingidas pela viuvez, ambas se viram, de uma hora para outra, sem recursos nem perspectivas. Noemi, então, recomendou à nora que voltasse para sua casa de origem. O raciocínio era lógico: sendo ainda jovem, não seria difícil para Rute se casar pela segunda vez e constituir outra família. Rute, porém, respondeu:

> Não insista comigo para deixá-la e voltar. Aonde você for, irei; onde você viver, lá viverei. Seu povo será o meu povo, e seu Deus, o meu Deus. Onde você morrer, ali morrerei e serei sepultada. Que o Senhor me castigue severamente se eu permitir que qualquer coisa, a não ser a morte, nos separe!
>
> Rute 1.16-17

Que nível de lealdade!

38
Não desperdice as oportunidades

As sementes que caíram à beira do caminho representam os que ouvem a mensagem, mas Satanás logo vem e a toma deles.
Marcos 4.15

A parábola do semeador é uma das mais conhecidas e rica em simbologia entre as que Jesus contou. Na história, um homem lança sementes enquanto caminha pelo campo. Parte delas caiu à beira do caminho e logo foram devoradas pelos pássaros. Outras caíram na terra, mas os brotos foram sufocados pelos espinheiros e ervas daninhas que havia ali. Mais adiante, algumas sementes germinaram sobre solo rochoso e, por não terem raízes profundas, os brotos logo secaram. Uma parte das sementes, afinal, encontrou terreno fértil, ideal para o seu desenvolvimento.

As lições ministradas por Jesus por meio das parábolas são sempre de natureza espiritual. Mas, por associação de ideias, podemos comparar o resultado da semeadura com nossas atitudes diante das oportunidades na vida profissional. Assim como as sementes, estamos sempre em busca de um "solo" onde possamos germinar, nos desenvolver e dar frutos. As sementes à beira do caminho podem ser comparadas às portas que nunca se abriram. São as oportunidades com as quais sonhamos e que jamais tivemos. As que cresceram entre espinhos, sendo logo sufocadas por eles, são aquelas colocações que perdemos por nossos próprios erros. Já as sementes que caíram sobre solo pedregoso podem ser interpretadas como os empregos em que não fomos muito longe por falta de preparo ou competência para o exercício do cargo.

Porém, também existe terra boa em nossa carreira! São as oportunidades que aproveitamos porque estamos no lugar certo, na hora exata e com as competências necessárias para crescer. Geralmente, essas oportunidades não aparecem do nada; é preciso esforço de nossa parte para encontrá-las e aproveitá-las em plenitude. "O agricultor que espera condições de tempo perfeitas nunca semeia; se ele fica observando cada nuvem, não colhe" (Ec 11.4). Esse é um alerta para cada um de nós. Esperar que as chances caiam sobre nós por fruto do mero acaso ou da generosidade de terceiros é exatamente aquilo que os acomodados fazem.

Quando surgem boas oportunidades, é preciso haver disposição e comprometimento para transformá-las em bons resultados. Se ficarmos indecisos, resistentes ou indiferentes a elas, é grande a chance de que alguém as agarre antes de nós. Muitas pessoas reclamam que ninguém jamais lhes deu uma chance na vida. É importante estar atento àqueles que podem nos proporcionar oportunidades, mas muitas delas, talvez a maioria, não nos chegam pelas mãos alheias: nós é que somos os responsáveis por criá-las.

E como se faz isso? Começa, certamente, com preparo e estudo. Empenhe-se em melhorar o seu currículo com cursos, idiomas e especializações. Com qualificação, você será capaz não apenas de aproveitar as oportunidades que surgirem, mas terá mais possibilidade de escolher as melhores.

Não importa o tamanho da oportunidade: o que importa é que ela exista e seja aproveitada. Demóstenes, político e orador grego da antiguidade, já dizia: "Pequenas oportunidades são, muitas vezes, o começo de grandes empreendimentos". Correr riscos faz parte, e não deve ser um impeditivo. Você já se arrependeu de ter deixado passar uma ou mais oportunidades de trabalho? O importante é avaliar com ponderação o que o levou — ou o ainda o leva — a não aproveitar as chances de uma promoção ou recolocação: será medo, comodismo, despreparo ou cautela excessiva? Analise-se com sinceridade e, se estiver incorrendo em uma ou mais dessas situações, reinvente-se. Lembre-se de que, no futuro, você estará exatamente no lugar em cuja porta tiver entrado.

39
Saiba qual é o seu papel

*Ele designou alguns para apóstolos, outros
para profetas, outros para evangelistas,
outros para pastores e mestres.*
Efésios 4.11

O maior patrimônio de uma empresa não são os produtos que ela distribui, o parque industrial onde está instalada ou os investimentos que administra. Aquilo que de maior valor existe no mundo corporativo são os trabalhadores. Pessoas talentosas e comprometidas são fundamentais para o bom desempenho de qualquer organização, da lanchonete da esquina à multinacional. No entanto, para que os profissionais envolvidos façam, de fato, a diferença, é necessário um minucioso trabalho no sentido de organizá-los em cargos e funções.

Direcionar cada pessoa para a função exata, na qual possa colaborar na plenitude de suas capacidades, é vital para o sucesso e a produtividade de um grupo. Podemos aprender sobre isso na Bíblia. No Novo Testamento, nota-se que as pessoas atuavam de acordo com seus dons e chamados específicos: havia os apóstolos, encarregados de levar o evangelho aonde ele não era conhecido; os bispos, que coordenavam o trabalho eclesiástico; os presbíteros, que tinham atuação pastoral; os diáconos, cujo serviço era atender às necessidades da comunidade; os mestres, que ensinavam a Palavra de Deus, e os evangelistas, que pregavam o evangelho a todos. E eles cumpriram com sucesso os propósitos estabelecidos para cada especialização, pois as funções que lhes foram delegadas condiziam com suas habilidades.

Esse exemplo nos faz pensar sobre a importância da hierarquia para uma boa gestão no ambiente profissional. Um dos maiores desafios de quem lidera uma equipe é organizar os cargos com base na análise das competências dos integrantes do grupo. Quanto ao colaborador, nem sempre é fácil aceitar uma função que lhe foi delegada, talvez por se sentir subestimado ou, até mesmo, incapaz de cumpri-la. Para evitar esse tipo de comportamento, o gestor deve saber dialogar sempre, deixando claros os critérios de escolha e estabelecendo as atribuições de cada função.

Um plano estratégico de divisão de tarefas e responsabilidades alavanca a produtividade. Ainda que o número de colaboradores seja reduzido, é possível evitar que um único trabalhador acumule tarefas. Além disso, a moderna abordagem empresarial prevê a troca constante de informações e a interação entre diferentes setores. Isso universaliza o senso de responsabilidade e aumenta a eficiência, promovendo a sinergia.

O método 5W2H surgiu para facilitar a distribuição de tarefas em uma organização. Utilizando termos oriundos do inglês, o método apresenta as sete perguntas básicas que todo profissional deve saber responder em relação ao seu trabalho e ao seu papel no grupo. A primeiro delas é: *What?* ("O quê?"), que sintetiza a tarefa designada a ele. *Why?* ("Por quê?") identifica o motivo pelo qual a tarefa deve ser realizada. A personalização do encargo é simbolizada pelo item *Who?* ("Quem?"), que determina qual funcionário, equipe ou setor ficará responsável pelo trabalho. Outro item essencial para o sucesso do método 5W2H é o prazo estipulado para a realização das ações, o *When?* ("Quando?"). O local no qual será desenvolvido o trabalho é o *Where?* ("Onde?"). *How?* ("Como?")descreve a ação propriamente dita e as maneiras de executá-la. E, finalmente, há o indispensável *How much?* ("Quanto?"), que é a estimativa do custo de cada ação, tanto em relação a recursos materiais como humanos.

É importante frisar que, a despeito do nível hierárquico, todas as competências são importantes para a realização de um trabalho coletivo. Qualquer empreendimento apresenta, em maior ou menor grau, uma estrutura hierarquizada de divisão de atribuições entre os envolvidos. Para que haja sinergia em um ambiente de trabalho, é indispensável conscientizar cada membro da equipe da importância de sua cooperação para a conquista de um objetivo coletivo comum. Valorizar a contribuição de todos, independentemente de nível hierárquico e de papel dentro da organização motiva muito uma equipe — e, consequentemente, potencializa os resultados do trabalho coletivo.

40

Desenvolva sua espiritualidade

Que vantagem há em ganhar o mundo inteiro,
mas perder a vida? E o que daria o homem
em troca de sua vida?
Mateus 16.26

A física e filósofa americana Dana Zohar, coautora do livro *QS: Inteligência espiritual*, tem ajudado a consolidar a importância da espiritualidade na existência humana. Professora da conceituada Universidade de Oxford, Zohar define o QS (do inglês *Spiritual quotient*) como um índice que mede a capacidade de cada um de nós de experimentar uma vida mais rica em valores e significados, algo que não se pode mensurar pela lógica capitalista da acumulação material. Valores éticos, crenças, conteúdos internos, solidariedade e senso de finalidade constituem uma inteligência que impulsiona o ser humano, dando-lhe sensação de realização, propósito e plenitude.

O mundo corporativo, diante do desgaste provocado pela ênfase exclusiva na competitividade e pelo estresse do trabalho, tem valorizado bastante a instância espiritual. Deixados para trás os tempos em que os anseios da alma não podiam ser trazidos à mesa de trabalho, cada vez mais empresários têm incentivado seus colaboradores a participar de exercícios de relaxamento, grupos de meditação, dinâmicas de grupo e até práticas como a *yoga*. Em contrapartida, os palestrantes motivacionais têm dedicado muita atenção aos chamados valores elevados no mundo corporativo, como a compreensão, a solidariedade e a empatia. Quem tem uma confissão religiosa é estimulado a dedicar mais atenção à própria fé, sob o entendimento de que a vida espiritual interfere positivamente em todos os processos da vida, inclusive no trabalho.

Vale notar que, em semelhante contexto, a espiritualidade não pode ser confundida com religiosidade, já que essa diz respeito à profissão de fé e às crenças de cada um. Perda de tempo? Muito pelo contrário, a espiritualidade ajuda a tornar o ambiente mais suave, facilita os relacionamentos e aumenta, sim, a produtividade.

O detalhe é que a Bíblia sempre destacou essa verdade. Jesus foi claro quando se pronunciou sobre aquilo que, de fato, tem valor: "Que vantagem há em ganhar o mundo inteiro, mas perder a vida?". Em algumas traduções, o termo utilizado é "perder a alma". Com efeito, muitos profissionais têm, em sentido figurado, perdido a alma. Isso acontece quando eles trabalham por mera necessidade financeira, sem encontrar alguma realização naquilo que fazem. "Perdem a alma" quando maldizem os patrões, projetando na opulência deles o motivo de sua infelicidade. "Perdem a alma", também, aqueles que não encontram no seu labor motivo de dignidade e recompensa.

Durante muito tempo, os cristãos erraram por separar sua vida secular da existência espiritual. Não há sentido nessa dicotomia; afinal, somos seres tricotômicos, formados por corpo, mente e espírito. Funcionários conscientes de seu valor como seres humanos e que encontram no trabalho um ambiente de harmonia, incentivo aos valores interiores e valorização do ser humano tendem a ser mais felizes, o que se reflete, é claro, no seu desempenho.

Procure dentro de si motivos de realização naquilo que faz. A espiritualidade pode não apenas caminhar ao lado da vida profissional, como conferir-lhe novo sentido. Pense em como os princípios espirituais podem ser aplicados em seu ambiente profissional, gerando uma corrente de ações positivas. Assim, você trabalhará com entusiasmo renovado, pois verá mais propósito em seu emprego e perceberá que a vida vai muito além de bater cartão.

41
Identifique e elimine os obstáculos

Vejam, o Senhor, seu Deus, colocou a terra diante de vocês! Vão e tomem posse dela, conforme o Senhor, o Deus de seus antepassados, lhes prometeu. Não tenham medo nem desanimem!
Deuteronômio 1.21

A trajetória do povo de Israel era uma constante sucessão de conquistas e fracassos. Em seu caminho, surgiram os mais diferentes obstáculos: um mar que precisava ser atravessado; um deserto que teria de ser percorrido; povos hostis que deveriam ser vencidos. Muitas e muitas vezes, o povo desanimou. Outras tantas, ficou paralisado pelo medo e pela incredulidade. Mesmo com a terra diante deles, hesitaram em entrar; e, uma vez em Canaã, a terra prometida, os hebreus tiveram de lidar com inúmeros problemas — a maioria dos quais causados por eles mesmos.

Na vida profissional, às vezes nos apegamos a hábitos e modos de pensar que nos desviam do sucesso. Sem nos dar conta desse problema, tendemos a ficar estagnados e angustiados, frustrados por não ter conquistado aquilo a que nos propusemos, desde coisas aparentemente banais, como melhor organização das tarefas cotidianas, até grandes objetivos de carreira, como um cargo de chefia ou uma colocação melhor. Pior ainda é quando o tempo passa e não conseguimos sair do lugar, presos a pensamentos e receios que viram cargas pesadas.

Um desses obstáculos é a indecisão. Diante de duas ou mais possibilidades, muitos acabam optando por... nenhuma. Isso ocorre porque são incapazes de dar um passo à frente. Pessoas indecisas têm dificuldade até para escolher a roupa com que vão sair de casa. O que dizer, então, das grandes escolhas que a vida profissional nos impõe? A começar pela própria escolha da carreira. Entre adolescentes e jovens, é razoavelmente comum a insegurança em relação a qual rumo profissional seguir; no entanto, muitos adultos, e até mesmo profissionais maduros, ficam indecisos perante situações na carreira que exigem uma postura firme.

Para evitar a indecisão, procure reunir o máximo de informações sobre suas opções. O produto no qual você pretende investir tem boa aceitação no mercado? A região onde você quer instalar seu negócio é adequada àquela atividade? A proposta de emprego que você recebeu da empresa concorrente realmente compensa do ponto de vista da remuneração, das funções a exercer e do ambiente de trabalho? Bem informado acerca de prós e contras, e ciente de que é aquilo mesmo que você quer, será mais seguro decidir.

Outro enorme obstáculo que ameaça todo profissional é o medo. Elimine de sua mente pensamentos como "não sou capaz", "não vai dar certo" ou "não tenho tempo". É claro que ninguém pode ser triunfalista além da conta, mas um pouco de otimismo não faz mal a ninguém.

Um terceiro obstáculo, tão poderoso como o medo e a indecisão, é a procrastinação. A sabedoria bíblica já aconselha: "Não conte vantagem a respeito do futuro, pois você não sabe o que o amanhã trará" (Pv 27.1). Deixar para amanhã o que pode e deve ser feito hoje é como atravessar a rua para escorregar na casca de banana do outro lado da calçada. É sabido que tarefas mais difíceis e complexas exigem mais tempo para sua execução; então, por que não começar já? É preciso ser diligente no trabalho, sem deixar relatórios incompletos e sem postergar a preparação daquela conferência que terá de ser feita na semana seguinte. A procrastinação pode ser uma característica pessoal, mas você deve combatê-la ou eliminá-la com disciplina pessoal e mudança de mentalidade. Vença a infeliz tendência a deixar as coisas para depois e você ficará surpreso com os resultados.

Todos temos alvos na vida. Mas, para atingi-los, muitas vezes é necessário tomar decisões difíceis e desafiadoras, como aquelas em que precisamos abdicar de algo que, embora julguemos importante, na verdade nos desvia dos objetivos principais. Uma maneira de perceber o que é preciso deixar de lado é prestar atenção a profissionais que ontem ocuparam um cargo semelhante ao seu e que, hoje, exercem funções mais elevadas. Converse com eles e descubra o que tiveram de superar para galgar novos degraus na carreira. Lembre-se de que toda escolha, mesmo a mais vantajosa, implica renúncias. Não tenha medo de enfrentar suas dificuldades, pois elas sempre parecerão menores se você for ao encontro delas.

42
Seja arrojado

Peçam, e receberão. Procurem, e encontrarão.
Batam, e a porta lhes será aberta.
Mateus 7.7

roceed and behold (algo como "Vá em frente e seja ousado") é a frase exposta na sede do Facebook, em Nova York. O apelo faz parte da filosofia de vida e da carreira do criador da maior rede social do planeta. Ainda quando era um estudante secundarista, Mark Zuckerberg já dava os primeiros passos no desenvolvimento de *sites* de trocas de mensagens. Sua primeira criação, o ZuckNet, permitia a interação entre os computadores de sua casa. O passo seguinte foi o Synapse Media Player, *software* que desenvolveu aos 17 anos e era capaz de conectar usuários *on-line*. O projeto lhe valeu uma boa proposta de compra pela Microsoft, surpreendentemente recusada. Nos anos seguintes, já aluno de Harvard, o rapaz que não queria parar deu vazão a todo o seu talento e, a partir de 2004, o Facebook conquistou o mundo. Hoje, Mark Zuckerberg comanda um grupo que inclui aplicativos pesos-pesados da Internet e tem um patrimônio líquido avaliado em mais de 50 bilhões de dólares.

A Palavra de Deus é clara, simples e objetiva ao mostrar que os resultados são obtidos de acordo com nossas atitudes. Como esperar receber algo se não definirmos o que queremos? Como encontrar alguma coisa, ou chegar a algum lugar, se não traçarmos a rota e nos colocarmos a caminho? E como esperar que as portas se abram, se não demonstrarmos claramente que queremos entrar? Nas Sagradas Escrituras, embora ele seja soberano, Deus nos convoca a agir, isto é, a fazer a nossa parte.

O texto bíblico de Juízes nos dá a entender que certo judeu chamado Gideão era um homem vacilante. Chamado por Deus para combater os midianitas, povo que oprimia os judeus, ele tentou se esquivar e ainda pediu, mais de uma vez, provas de que aquela era mesmo a vontade do Senhor. Finalmente convencido de que a mão do Todo-poderoso estaria com ele, Gideão reuniu uma força considerável, de mais de 30 mil homens, para a luta — mesmo assim, número muito aquém dos 135 mil midianitas dispostos à guerra. Contudo, Deus fez que Gideão testasse seus homens repetidamente, até que restassem apenas 300. Apesar da enorme disparidade de forças, Gideão foi arrojado o suficiente para montar uma inusitada estratégia de combate noturno, que acabou desbaratando os inimigos e levando Israel à vitória.

Segundo o Novo Testamento, havia um cego, chamado Bartimeu, que pedia esmolas à beira do caminho de entrada da cidade de Jericó. Certo dia, ao saber que Jesus passava por ali, ele começou a gritar: "Jesus, Filho de Davi, tenha misericórdia de mim!" (Mc 10.47). Era uma ousadia que um pedinte se dirigisse assim a um mestre, razão pela qual muitos ali ordenaram que ficasse quieto. Porém, o cego não se intimidou, e gritava, cada vez mais alto, clamando pela ajuda do Filho de Deus. Jesus, então, mandou chamá-lo e fez uma pergunta aparentemente óbvia: "O que você quer que eu lhe faça?" O homem respondeu, prontamente: "Rabi, quero enxergar".

As atitudes de Gideão e de Bartimeu vão ao encontro daquilo que consultores de carreira têm destacado como requisito no desenvolvimento de um profissional: ousadia. Trabalhadores arrojados, que não temem o risco e se submetem a mudanças, são valorizados por empresas inovadoras. Os gestores esperam que colaboradores com esse perfil agreguem valor ao negócio, na medida em que suas ideias e iniciativas — muitas vezes, inusitadas — possam redundar em lucro.

Sem alguma dose de ousadia, seu valor, por maior que seja, pode jamais ser notado. Como esperar ser reconhecido se você não toma atitudes que demonstrem suas qualidades? E não se trata, apenas, das ações cotidianas, mas, também, de iniciativas em momentos-chave, como, por exemplo, quando surge uma rara oportunidade de demonstrar seu potencial para uma pessoa que pode ser decisiva para seu crescimento profissional. Portanto, não se deixe inibir. Esteja sempre atento para tomar a iniciativa no momento oportuno.

Sabe o que aconteceu com o arrojado cego Bartimeu? "Jesus lhe disse: 'Vá, pois sua fé o curou'. No mesmo instante, o homem passou a ver e seguiu Jesus pelo caminho" (Mc 10.52).

43
Busque a sabedoria

A riqueza é coroa para os sábios, mas a insensatez dos
tolos só resulta em mais insensatez.
Provérbios 14.24

Nem sempre são muito claras as diferenças entre conhecimento e sabedoria. Grosso modo, conhecimento é intelecto, experiência acumulada, trajetória acadêmica; já a sabedoria é o conhecimento aplicado à vida de acordo com valores éticos e morais. Para obter conhecimento, é necessário investir tempo e recursos financeiros em leitura, cursos, especializações e intercâmbios, por exemplo. Já a sabedoria, que se desenvolve ao longo da vida, provém da observação dos fatos e das pessoas, das crenças pessoais e das experiências. É por isso que, à medida que envelhecemos, somos, via de regra, mais sábios que os jovens.

As duas coisas, na verdade, são complementares. Não existe sabedoria sem conhecimento; e o conhecimento, sem um uso sábio, não passa de mera informação. Sabedoria, portanto, seria o uso correto do conhecimento. Muitas pessoas detêm instrução adequada sobre determinado assunto, mas não têm sabedoria para aplicá-lo. É por isso que muitos intelectuais com doutorado e vasto conhecimento acadêmico não conseguem ser bem-sucedidos na carreira, enquanto gente que mal concluiu o ensino médio se destaca em sua área de atuação.

A Bíblia Sagrada é um precioso compêndio de sabedoria para todas as áreas da vida, inclusive a profissional. O livro de Eclesiastes nos mostra quão preciosa é a sabedoria, comparando-a a uma coroa. Ao mesmo tempo, revela seu contraponto, a insensatez. Ora, se o insensato não é sábio, a busca pela sabedoria nos conduzirá à prudência, ao equilíbrio e à ponderação, qualidades daquele que faz da sensatez o seu caminho de vida e que são muito importantes para o desempenho no trabalho. Só que nada disso é válido se não se refletir em nossas ações, pois palavras não são suficientes, como afirma o apóstolo Tiago: "Se vocês são sábios e inteligentes, demonstrem isso vivendo honradamente, realizando boas obras com a humildade que vem da sabedoria" (Tg 3.13).

Humildade é, de fato, uma das maiores demonstrações de sabedoria. Humildade para se relacionar com os outros, para admitir algo que não se sabe ou para assumir os próprios erros revela um coração verdadeiramente sábio. Sábio é aquele que nunca deixa de aprender, pois tem a exata noção de que o que lhe falta é muito maior do que aquilo que já tem, ou pensa ter. A sabedoria no trabalho também se manifesta por meio de um espírito dócil e conciliador, que procura agregar em vez de desunir.

O profissional sábio jamais deixa de valorizar e de buscar a verdade. É aí que a sabedoria rima com a integridade. A sociedade contemporânea parece ter perdido a noção de integridade. Pessoas que não se detêm diante de barreiras éticas ou morais aplicam em todas as situações a chamada "Lei de Gérson", expressão surgida em uma propaganda de cigarros dos anos 1970, na qual o craque tricampeão do mundo dizia que o importante é levar vantagem em tudo.

E você, tem agido com sabedoria? Quais falhas são mais comuns em seu ambiente de trabalho? Se elas são comuns, é sinal de que algo continua errado, não é verdade? E o que será? E quanto a você, quantos erros decidiu nunca mais cometer e nos quais, volta e meia, incorre novamente? Avalie tudo com calma e dê um passo definitivo rumo à sabedoria. "Portanto, sejam cuidadosos em seu modo de vida. Não vivam como insensatos, mas como sábios. Aproveitem ao máximo todas as oportunidades nestes dias maus" (Ef 5.15-16).

44
Melhore a cada dia

Em tudo que fizerem, trabalhem de bom ânimo.
Colossenses 3.23

A cultura japonesa é um exemplo inspirador de disciplina, criatividade e desenvolvimento. Altamente organizados e muito trabalhadores, os japoneses conseguiram se reerguer dos escombros da Segunda Guerra Mundial e transformar sua nação em uma ilha de prosperidade, alçando-a ao patamar das maiores economias do mundo. As soluções japonesas nos campos da tecnologia, produtividade, otimização de mão de obra e sustentabilidade são de vanguarda, e com elas aprendemos vários princípios. Um deles é definido pelo termo nipônico *kaizen*, que significa "melhoria contínua". Aplicado ao trabalho, esse princípio estimula a identificação e a eliminação de desperdícios em uma organização empresarial, seja qual for o ramo em que ela atue.

O *kaizen* pode ser sintetizado na seguinte máxima: "'Hoje melhor do que ontem; amanhã melhor do que hoje". Os princípios do *kaizen* envolvem todas as etapas de produção, desde o projeto, passando pela manutenção das máquinas e dos instrumentos de trabalho, até a distribuição do produto final: foco nos processos produtivos, ênfase no aprendizado prático, busca por resultados imediatos, compromisso e disciplina, comunicação constante, grandes mudanças com pequeno investimento. Melhoria contínua e autossustentada é o objetivo máximo.

Do Oriente ao Ocidente, mudam-se os métodos, mas a meta continua a ser a excelência total nos processos de trabalho. A verdade é que não podemos nos conformar com os resultados já alcançados, ainda que sejam bons. Afinal, o que nos parece bom nem sempre é eficaz e satisfatório. Precisamos nos esforçar para melhorar cada vez mais. Veja o caso dos atletas: os recordes mundiais e olímpicos duram cada vez menos, pois todos se esforçam a fim de superá-los.

A Bíblia também é um grande referencial de melhoria contínua. No Novo Testamento, constatamos que os discípulos de Jesus eram incentivados a melhorar cada vez mais seu trabalho espiritual, a ponto de se tornaram grandes evangelistas. Certa vez, o Mestre os estimulou a conhecer mais as Escrituras e a crescer na fé; em outra ocasião, ensinou que somente com jejum e oração seriam capazes de expulsar os espíritos malignos que atormentavam as pessoas. Paulo, dirigindo-se à igreja da cidade de Filipos (a primeira congregação cristã do que hoje conhecemos como continente europeu), exaltou a busca pela melhoria contínua no que se refere ao desenvolvimento da fé.

Embora Paulo fosse um obreiro talentoso e preparado, ele buscava como alvo a excelência contínua em seu ministério. Não há limites quando se persegue metas com ousadia, sabedoria e trabalho em equipe. O importante é que o princípio da melhoria contínua seja estimulado, e não imposto. Para isso, é necessário diálogo e esclarecimento. Convencidos dos benefícios de algo como o *kaizen*, todos vão aplicá-lo em sua rotina de trabalho.

No que se refere ao seu trabalho, individualmente, onde você pode melhorar? O que você pode fazer de maneira diferente e mais produtiva? Passe a identificar, em sua rotina de trabalho, pequenos "nós" que dificultam o melhor desempenho. Por exemplo: por que não fazer contatos e ligações com os clientes em determinado horário, todo dia, de maneira que você fique mais focado nessa atividade e não tenha de interromper outras tarefas? Ou, então, acostume-se a elaborar suas planilhas e relatórios somente após reunir todos os dados de que precisa e ser capaz de fazê-los de uma única vez, sem ter de abrir os arquivos várias vezes, ao logo da semana, para acrescentar informações. Saiba que, até em simples atos, como guardar o copo plástico para usá-lo ao longo do dia, evitando desperdícios e acúmulo de resíduos plásticos, você pode praticar o *kaizen*.

45

Dê a si mesmo o direito à dúvida

"Não sabemos para onde o Senhor vai", disse Tomé.
"Como podemos conhecer o caminho?"
João 14.5

"Uma vida que não é examinada não vale a pena ser vivida", disse Sócrates, filósofo ateniense do século 4 a. C. e que ajudou a moldar o pensamento ocidental. Com efeito, o direito à dúvida é requisito basilar para a inteligência humana. Outro grande filósofo, René Descartes, francês que viveu no século 17, cunhou a célebre frase que expressa a conscientização do indivíduo acerca de si mesmo: "Penso; logo, existo". De fato, é impossível ao homem existir, como indivíduo racional, sem exercer o saudável exercício da dúvida. Ninguém nasce sabendo, garante o ditado popular; por isso mesmo, duvidar, questionar e buscar o conhecimento é essencial na nossa existência.

Tomé, um dos discípulos de Jesus, até hoje é lembrado por sua incredulidade. Na verdade, essa é uma abordagem superficial e até injusta, já que, como os outros apóstolos, ele realizou grandes coisas em favor do reino de Deus. Todavia, por um único instante de dúvida, Tomé passou à história como aquele que tinha de "ver para crer": como estava ausente na primeira vez em que Jesus apareceu aos seus seguidores após ressuscitar dos mortos, Tomé duvidou da ressurreição. Ele disse aos companheiros de ministério que jamais acreditaria antes de tocar nas marcas do suplício do Filho de Deus. Uma semana depois, Jesus reapareceu entre seus seguidores e pediu a Tomé que tocasse em suas chagas. Maravilhado, o discípulo caiu aos pés de seu Salvador.

É preciso entender a atitude de Tomé pela perspectiva humana. Seu caráter questionador tem como positivo o fato de mostrar que não se deve ter como verdadeiro aquilo que não foi suficientemente comprovado. Claro, a fé existe para transcender essa lógica, mas mesmo o apóstolo Paulo admoestou seus ouvintes a praticarem um "culto racional", isto é, que não excluísse o raciocínio e o bom senso na prática mística. Se isso é uma verdade no mundo espiritual, o que dizer das relações corporativas? Portanto, jamais aceite tudo de imediato, como se fosse verdade. Questione e investigue até compreender muito bem os fatos.

Não acumule dúvidas. É comum, sobretudo quando se está em um novo emprego, evitar fazer muitas perguntas, para não demonstrar insegurança. Entretanto, é uma atitude muito arriscada, pois dúvidas não esclarecidas podem redundar em erros ou omissões. Sendo assim, exponha suas dúvidas quanto ao serviço de maneira clara e perante as pessoas certas.

Não seja tímido a ponto de não questionar as razões e os meios de algo ser feito. E, se você for consultado, nunca sonegue informações. Um bom chefe é aquele que está sempre à disposição dos subordinados para esclarecer processos de trabalho e tirar dúvidas. Todo funcionário deve ser deixado à vontade para perguntar, sejam os recém-chegados, sejam os mais experientes. Tire suas dúvidas ou esclareça questões de forma reservada, para não expor desnecessariamente aquele que, por um motivo ou outro, encontra-se inseguro para realizar determinada tarefa.

Não dê ouvidos a boatos e vá direto às fontes primárias das informações. Muitos se calam por receio de confrontar um parceiro ou gestor. Tomé, criticado por muitos de nós por suas dúvidas, não temeu buscar as explicações de que precisava. Então, nunca se deixe vencer pelo receio de perguntar. Procure sempre comprovar o que ouve ou lê, questionando, pesquisando e perguntando aos outros. Isso fará de você um profissional mais seguro e responsável.

46
Jamais negligencie a segurança

Quando você construir uma casa nova, coloque um parapeito em torno do terraço. Desse modo, se alguém cair do terraço, você e sua família não serão culpados pela morte da vítima.
Deuteronômio 22.8

Todos os anos, cerca de 2,4 milhões de pessoas morrem e outros 300 milhões ficam feridos em decorrência de acidentes de trabalho ao redor do mundo. Os dados são da Organização Internacional do Trabalho (OIT), que situa o Brasil em quarto lugar nesse lamentável *ranking*, atrás de China, Estados Unidos e Rússia. Anualmente, são registrados em nosso país uma média de 700 mil acidentes envolvendo trabalhadores no exercício de suas funções, de acordo com o Ministério do Trabalho. Porém, teme-se que o verdadeiro número seja bem maior, já que muitos casos não são notificados.

Nos últimos cinco anos, o prejuízo causado pelos acidentes de trabalho na economia brasileira foi de R$ 22 bilhões, levando-se em conta as despesas com internações e tratamento, os prejuízos com faltas ao trabalho e o impacto no sistema de Previdência Social. E isso, sem levar em conta aqueles que atuam na economia informal, cuja precariedade aumenta ainda mais os riscos.

Os acidentes ocupacionais são uma dura realidade[1], à qual todos os trabalhadores, em maior ou menor grau, estão sujeitos. Os

---

[1.] Disponível em: <https://www.correiobraziliense.com.br/app/noticia/economia/2017/06/05/internas_economia,600125/acidente-de-trabalho-no-brasil.shtml>. Acesso em: 15 de jun. de 2018.

setores de serviços, construção civil, metalurgia e extração mineral são aqueles que registram mais acidentes com trabalhadores. Descuido, negligência com normas de segurança, ausência ou não utilização de equipamentos apropriados e longas jornadas de trabalho são as principais causas dos acidentes, que enlutam famílias e acarretam sérios problemas financeiros às pessoas envolvidas.

As empresas que têm empregados regidos pela Consolidação das Leis do Trabalho (CLT) e o setor público são obrigados a observar e cumprir as normas regulamentadoras relativas à segurança e medicina do trabalho. A responsabilidade das empresas é proporcionar um ambiente seguro, cuidando de mitigar as fontes de risco, isolando, por exemplo, locais onde há perigo de acidentes, colocando alertas de segurança, revestindo paredes e tubulações, utilizando grades e parapeitos e outras atitudes semelhantes.

Mas há, também, a responsabilidade do trabalhador. Cabe a você participar ativamente dos treinamentos de segurança, zelar pelo respeito às instruções e pelo uso correto dos equipamentos, a fim de proteger a si e aos colegas. Conheça os eventuais riscos de sua atividade e jamais deixe de atender às normas de segurança. Lembre-se que pequenos descuidos na hora da pressa podem ter gravíssimas consequências. Pense em quanto você e sua família têm a perder no caso de um acidente de trabalho que o afaste de suas funções ou venha a acarretar perda definitiva de sua capacidade laborativa — ou, pior ainda, levá-lo à morte.

A preocupação com a segurança está presente na Bíblia. Em um de seus discursos ao povo judeu, Moisés alertou sobre a necessidade de instalar parapeito no terraço das casas, a fim de evitar acidentes. Suas palavras certamente salvaram vidas, mas só porque foram levadas em conta por aqueles que ele liderava.

É imprescindível que empregadores e empregados façam a sua parte. Os patrões precisam investir em segurança, fornecendo aos seus colaboradores equipamentos, treinamento e consultoria especializada. Já os funcionários devem ser rigorosos no cumprimento das normas das comissões internas de prevenção de acidentes e não podem deixar que a pressa ou o excesso de confiança ponham em risco a sua segurança e a dos colegas. Não há meta a ser batida ou lucro a ser obtido que justifique a negligência com o precioso dom da vida humana.

47
Capacite-se continuamente

E agora, Senhor, ouve as ameaças deles e concede a teus servos coragem para anunciar tua palavra.
Atos 4.29

Poucos investimentos têm tanta garantia de retorno quanto aquele que é feito com estudo e preparação. Em uma realidade em que cada vez mais pessoas disputam os postos de trabalho, ter uma boa formação, contínua e diferenciada é fundamental para a empregabilidade do profissional. Até meados do século passado, a simples alfabetização e o domínio das operações matemáticas básicas eram os requisitos para a maioria das funções. O tempo passou e os jovens precisaram do ensino médio e do curso de datilografia para concorrer ao primeiro emprego. A geração seguinte já teve como requisito um diploma universitário. Agora, frequentemente é exigido que os currículos ostentem mestrado e doutorado, fluência em um ou mais idiomas, especializações, cursos de extensão, experiência internacional e muito mais.

Investir em capacitação profissional é fundamental tanto para quem busca um emprego como para aquele que deseja se estabelecer como empreendedor individual. Em contrapartida, as estatísticas mostram que as melhores vagas nem sempre são ocupadas, porque faltam, no mercado, profissionais habilitados o suficiente para ocupá-las. Por isso, muitas organizações preferem, elas mesmas, habilitar seus colaboradores, proporcionando-lhes cursos e formação continuada. Isso ocorre quando os empregadores têm a consciência de que o sucesso de seu empreendimento depende diretamente da qualificação do seu quadro de colaboradores.

Cursos de atualização são, hoje, bastante acessíveis. E já nem se pode alegar falta de tempo, uma vez que a modalidade à distância, por exemplo, permite adaptação de horários e, muitas vezes, são inteiramente gratuitos. Sair da zona de conforto nem sempre é fácil, mas motive-se pensando nos benefícios que a capacitação pode lhe proporcionar. Além do mais, é sempre necessário buscar novas motivações e, quem sabe, até mesmo para encontrar outro direcionamento ou mudar de carreira.

Sua trajetória não está, obrigatoriamente, ligada à sua primeira formação. Muitos têm encontrado a realização em áreas totalmente diversas da originalmente escolhida. São pessoas que mudaram de área, fizeram novo curso universitário, abriram o próprio negócio ou foram em busca de outras perspectivas fora do país. Em contrapartida, todos conhecemos pessoas extremamente frustradas, pessoal e profissionalmente, porque não tiveram a disposição ou a coragem de se reinventar em momentos de crise. Mesmo que esse não seja o seu caso, torne-se protagonista de sua carreira. Não há ninguém melhor do que você mesmo para ir atrás de seus objetivos.

Mesmo após terem recebido preciosos ensinamentos de ninguém menos que Jesus de Nazaré, seus discípulos tinham a consciência de que não estavam completamente prontos para a grandiosa missão recebida do Senhor: ir pelo mundo e anunciar o evangelho a todos. "Mostre-nos o Pai, e ficaremos satisfeitos", pediu Felipe. "Para quem iremos? O senhor tem as palavras de vida eterna?", apelou Pedro. Nessas e em outras ocasiões, aquele grupo de doze homens separados com um propósito deixaram claro que queriam superar suas deficiências, em busca da completa medida da estatura de Cristo.

Conhecimento adquirido é um patrimônio para a vida toda, que crise alguma jamais conseguirá tirar de você. Pense na sua carreira como uma longa jornada na qual, a cada milha percorrida, mais lhe será demandado, e você terá de responder afirmativamente quando lhe exigirem novas competências e capacidades.

48
Receba bem as críticas

Sejam compreensivos uns com os outros
e perdoem quem os ofender.
Colossenses 3.13

À s vezes, é nos pequenos detalhes e nas coisas simples da vida que podemos aprender grandes lições. Saber ouvir, dar atenção aos conselhos e ponderar opiniões são exercícios que, quando praticados, se convertem em valiosos aprendizados. Em contrapartida, quando resistimos a ouvir opiniões e mesmo críticas alheias, os resultados dificilmente são bons. Ninguém é dono da verdade o tempo todo, e as críticas surgem quando algo que fazemos ou deixamos de fazer desagrada o outro. A crítica é uma atitude normal da vida, e precisamos aprender a lidar com elas e, também, com as repreensões. Se estamos certos ou não, é provável que o tempo mostre; contudo, nossa reação diante de críticas revela muito sobre quem somos, sejam elas bem fundamentadas ou não.

No ambiente de trabalho, conflitos, muitas vezes, são motivados pela recusa em aceitar repreensões. Não que se deva aceitar tudo de imediato; afinal, quem repreende pode estar equivocado. O problema é quando a recusa, em vez de acompanhada de diálogo e justificativas plausíveis, é motivada apenas por teimosia e soberba.

O apóstolo Paulo, em seus escritos às igrejas do Novo Testamento, orienta os cristãos em diversos aspectos da vida religiosa, civil e comunitária. Aos fiéis da cidade de Colossos, ele foi bem enfático sobre como deveriam se relacionar uns com os outros: com paciência, humildade e compreensão. Naquelas comunidades do primeiro século, eram comuns as dissensões por questões litúrgicas, teológicas e comportamentais. Havia igrejas caracterizadas pelas disputas entre os irmãos na fé e até mesmo pessoas que, embora frequentassem a mesma igreja, não trocavam palavra.

No segundo capítulo de Gálatas, encontramos Paulo criticando Pedro abertamente. Uma questão a respeito do trato entre judeus e gentios provocou o atrito entre os dois colegas apóstolos. Pedro aceitou a repreensão recebida, pois os fatos demonstraram que Paulo tinha razão. É interessante percebermos que, dali em diante, ambos continuaram a desempenhar seu ministério até o fim de sua vida. Ou seja, a crítica recebida não fez Pedro abandonar a carreira cristã.

Nem toda crítica é uma bronca sem motivo, e a verdade é que, por melhor que você seja em seu trabalho, nunca estará isento de ser criticado. Afinal, você é humano e, como todo ser humano, está sujeito a errar. Nessas circunstâncias, pode escolher entre dois caminhos: interpretar a objeção como um ataque pessoal ou levá-la em conta apenas na esfera profissional. Se optar pela segunda alternativa, são grandes as chances de superar rapidamente a questão e até melhorar seu relacionamento com a pessoa que o criticou. Portanto, não invente justificativas ou se esconda atrás de uma expressão carrancuda. Ouça tudo que seu crítico tem a dizer e, em seguida, exponha o que o motivou para agir assim.

Ao proceder de maneira aberta e também ao questionar a validade das críticas recebidas, admitindo eventuais erros e reparando-os, você se tornará um profissional mais respeitado e confiável. Contestar advertências com base no diálogo é sinal de civilidade e sabedoria; porém, combatê-las por teimosia é sinal de ignorância e arrogância.

Quando justas, considere humildemente as críticas e transforme-as em aprendizado. Esse tipo de postura certamente contribuirá muito para o seu sucesso profissional.

49
Em vez de reclamar, proponha soluções

Afligido pela sede, o povo continuou a se queixar de Moisés. "Por que você nos tirou do Egito? Quer matar de sede a nós, nossos filhos e nossos animais?".
Êxodo 17.3

A maioria de nós já teve um ou mais colegas de trabalho que se queixava de tudo, da temperatura do ar condicionado à quantidade de vezes em que o telefone tocava durante o dia. Profissionais "reclamões" atraem a antipatia geral e acabam ficando isolados, o que aumenta ainda mais sua insatisfação. Em grande parte das vezes, quem reclama muito não colabora na mesma medida para a melhoria dos itens que critica. Pode haver, também, aqueles que trazem os problemas domésticos para o ambiente profissional, como se os companheiros de trabalho fossem obrigados a participar de seus desacertos familiares.

Seja qual for o motivo de tal conduta, ela é equivocada e prejudicial. É no ambiente de trabalho que a maioria de nós passa grande parte do dia, e torná-lo desagradável com reclamações é o pior que se pode fazer. Na Bíblia, lemos sobre as peripécias de Jonas, conhecido como o "profeta fujão". É ele o célebre personagem que foi parar no ventre de um grande peixe por haver desobedecido a Deus.

Jonas parecia nunca estar satisfeito com nada, nem mesmo com o fato de o Senhor ter resolvido poupar a cidade de Nínive, cujo povo se arrependeu dos pecados mediante a mensagem do profeta e, com isso, conseguiu evitar a própria destruição. Mais tarde, ele reclamou novamente com o Senhor, porque uma planta que crescera sobre seu abrigo e debaixo da qual ele se abrigara do calor secara. "Você acha certo ficar tão irado por causa da planta?", questionou Deus. A resposta de Jonas foi que ele reclamaria até à morte: "Sim, acho certo ficar tão irado a ponto de querer morrer!" (Jn 4.9).

Em outras traduções da Bíblia para o português, a reclamação é chamada de "murmuração", e é apresentada como uma atitude condenável. Quando foi milagrosamente libertado da escravidão no Egito, após mais de 400 anos debaixo do jugo da servidão, o povo de Israel saiu em júbilo. Porém, bastaram surgir as primeiras dificuldades para que os hebreus começassem a murmurar. Alguns sentiam saudade da comida dos tempos da escravidão; outros se queixavam da falta de água e de carne fresca. Embora Deus, em sua provisão, fizesse cair o maná, uma espécie de pão, diariamente sobre o acampamento dos judeus, eles logo se cansaram daquilo. As reclamações eram tantas que, muitas vezes, tiravam Moisés do sério, levando-o, por sua vez, a reclamar com Deus: o que mostra que reclamações tendem a gerar novas reclamações, contaminando todo o ambiente com insatisfações e baixo astral: "Por que tratas a mim, teu servo, com tanta crueldade? Tem misericórdia de mim! O que fiz para merecer o peso de todo este povo? Por acaso gerei ou dei à luz este povo? Por que me pedes para carregá-lo nos braços como a mãe carrega o bebê que mama? Como o levarei à terra que juraste dar a seus antepassados? Onde conseguirei carne para todo este povo?" (Nm 11.11-13).

Em um ambiente tão competitivo como é o corporativo, é muito comum ouvir críticas a comportamentos e normas. Críticas fundamentadas e construtivas são bem-vindas, mas, se não são convertidas em ações transformadoras, nada mais são do que reclamações improdutivas. Mais do que queixas, o mercado precisa de pessoas que se disponham a apresentar soluções, a pôr a mão na massa e utilizar a criatividade em prol do grupo.

Portanto, se você tem um colega que reclama de tudo e de todos, procure mostrar a ele que, com esse comportamento negativo, não vai ajudar em nada. É preciso enxergar as coisas com olhos mais positivos, encontrando o lado bom das coisas e resignando-se com aquilo que não pode ser mudado. Se, porém, o "reclamão" é você, mude de atitude e troque as reclamações por ideias para resolver os problemas que o incomodam.

50
Valorize a experiência

*Levantem-se na presença dos idosos
e honrem os anciãos.*
Levítico 19.32

Filho de Salomão, Roboão sucedeu ao pai no trono de Israel, em meados do século 9 a.C. Logo no início de seu governo, o povo se reuniu em assembleia, pedindo-lhe a redução dos impostos. Recém-empossado e sem saber lidar bem com as questões de Estado, o jovem monarca consultou os experientes conselheiros que haviam servido seu pai. Eles entenderam que o mais sensato, naquele momento, era aliviar a carga tributária, elevada por conta das grandiosas obras de Salomão. Eles disseram que, se Roboão reduzisse os impostos, contaria com o apoio popular para a manutenção do reino. Mas, segundo o texto bíblico, o jovem rei "rejeitou o conselho dos homens mais velhos" (1Rs 12.13) e preferiu ouvir amigos tão jovens quanto ele, que propuseram justamente o contrário: novo aumento de impostos. A medida provocou tamanha revolta popular que foi o estopim da divisão do reino em duas nações: a do norte, chamada Israel; e a do sul, que adotou o nome de Judá. Enfraquecidos, os dois reinos acabariam conquistados por potências estrangeiras séculos depois.

Valorizar a opinião de gente mais experiente nem sempre é agradável para os jovens, mas a vida mostra que é a coisa mais acertada a fazer. Os muitos anos de carreira possibilitam uma análise de fatos em perspectiva, levando em conta acertos e erros de toda uma vida profissional. Além disso, trabalhadores na faixa dos 50, 60 e até 70 anos aliam um sólido conhecimento dos processos de trabalho a um senso de responsabilidade mais elevado. É gente que aprendeu, muitas vezes a duras penas, a dar valor àquilo que realmente importa e a não se deixar levar pelas distrações. Por isso, são capazes de dar passos mais seguros e apresentar alto rendimento.

Com o progressivo envelhecimento da população brasileira, é cada vez maior a quantidade de pessoas acima da faixa dos 60 anos no mercado de trabalho. Dados do Instituto Brasileiro de Geografia e Estatística (IBGE) revelam a tendência de esse segmento aumentar cada vez mais entre a população economicamente ativa. Se, por um lado, o dado revela um ponto negativo — a necessidade de as pessoas se manterem na ativa, quando já deveriam estar desfrutando da aposentadoria —, por outro também encerra aspectos positivos. Um deles, talvez, o principal, é a disponibilidade de mão de obra experiente e capacitada em funções técnicas, de gestão e consultoria. Muitas empresas se voltam para esse tipo de colaborador e estimulam a contratação de profissionais mais maduros e até da terceira idade. Uma rede de supermercados, por exemplo, tem um programa voltado especificamente ao recrutamento e contratação de profissionais acima de 55 anos. A empresa já conta com cerca de 3.500 trabalhadores idosos.

Essa diversidade etária em uma organização é muito saudável. O dinamismo e a energia da mão de obra jovem têm muito com que somar à sensatez e à vivência dos colegas mais velhos, redundando em benefícios para todos e vantagens para o empregador. No ambiente profissional, jovens em início de carreira que, a exemplo de Roboão, ignoram orientações de profissionais experientes, podem pagar caro pela arrogância. Afinal, é sabido que o sucesso profissional vai além da formação acadêmica e da capacidade pessoal. Entre outros fatores, é preciso, também, experiência, algo que, naturalmente, falta ao profissional nos primeiros anos de sua carreira. Diante de um impasse em relação ao que seria melhor fazer, é no mínimo prudente consultar aqueles que já enfrentaram desafios semelhantes. Em contrapartida, se você é um profissional tarimbado, esteja disposto a compartilhar sua vivência com colegas mais novos e dispostos a aprender.

51
Seja competitivo, mas ético

Não planeje o mal contra seu próximo,
pois quem mora por perto confia em você.
Provérbios 3.29

A competitividade pode estar presente em várias áreas da vida, mas é no ambiente profissional que ela ganha contornos mais nítidos e, por vezes, dramáticos. Isso porque a ambição pelo crescimento, além de natural, é incentivada.

Desde os primeiros anos de estudo, a criança é levada a dar o melhor de si e a superar os colegas nas notas, nos esportes e até nas brincadeiras. Chega o tempo dos exames de admissão no ensino superior e a relação candidato por vaga é um estímulo para que o estudante enxergue nos outros concorrentes adversários a serem vencidos. Uma vez no trabalho, o funcionário é compelido a ser melhor do que os outros, em busca de ascensão funcional, melhores cargos e rendimentos.

Uma pesquisa realizada pela *Page Personnel*, empresa internacional especializada em recrutamento de mão de obra especializada, detectou que 90% dos participantes, entre gestores e analistas de mercado, acreditam que a competitividade faz bem ao profissional e às empresas. Para eles, um ambiente competitivo leva ao aumento de produtividade e de capacitação. E, uma vez que a competitividade é natural, inevitável e, dentro dos limites éticos, vantajosa, o melhor a fazer é encará-la com naturalidade. O problema é que muitas pessoas lidam mal com ela. Esses profissionais ficam excessivamente tensos e inseguros todas as vezes em que deparam com uma cobrança por melhor desempenho ou têm seu desempenho comparado ao de outro colega que consegue bater melhor as metas.

Algumas competições são travadas com deslealdade. Quando isso ocorre, os contendores não hesitam em puxar o tapete dos oponentes. A Bíblia faz menção a uma disputa do gênero, travada entre dois irmãos. Esaú e Jacó eram filhos do patriarca Isaque e rivais desde a mais tenra infância. Certa ocasião, Jacó foi desleal com o irmão mais velho, oferecendo-lhe um prato de comida em troca de seu direito de primogenitura, o que, na cultura da época, conferia ao primeiro filho uma série de privilégios. Mais tarde, aproveitando-se de que o pai já estava cego pela idade, Jacó ludibriou Isaque, fazendo-se passar por Esaú e usurpando a bênção que cabia a ele. Tais atitudes levaram ao rompimento entre os dois irmãos, a ponto de Esaú passar a perseguir o irmão com a intenção de matá-lo. Contudo, Jacó teve sua vida transformada por Deus e, por fim, se reconciliou com o irmão.

O livro de Provérbios nos dá muitas lições que podemos aplicar ao trabalho. O versículo que abre este texto é uma delas. Por associação de ideias, ele pode fazer referência ao nosso colega. "Não planejar o mal" implica, também, ser correto e transparente no momento de disputar promoções ou benefícios. Construir relacionamentos bons e sinceros com chefes e companheiros é um caminho para que a competição, se necessária, aconteça em um contexto ético e de respeito mútuo.

Construir um ambiente saudavelmente competitivo na empresa é uma maneira de proporcionar inovação, crescimento e eficiência ao grupo. Com regras claras quanto a planos de carreira e vantagens, os colaboradores podem dar vazão às suas ambições, melhorando a cada dia. Quando se trata de competição no trabalho, é preciso esforço no sentido de separar aspirações profissionais e relações pessoais. Em uma seleção, por exemplo, o objetivo deve ser conquistar a vaga, e não derrotar pessoas.

Como você lida com a competitividade no ambiente de trabalho? Será que você é daqueles que sentem um frio na barriga diante de cada avaliação e veem, na mesa ao lado, uma ameaça à sua posição? Saiba que o sucesso em contextos competitivos depende unicamente de você, e não do desempenho de seu concorrente. Identifique claramente seus objetivos, o que se espera de você e quais as metas a cumprir, em vez de ficar comparando seus resultados com os dos colegas. Foque naquilo que você tem de melhor e realize o seu trabalho da melhor maneira possível. Esteja, também, consciente de sua competência. Caso suas habilidades não estejam sendo suficientes para o desempenho esperado, esse é o melhor sinal de que você precisa investir mais na própria capacitação.

Um profissional preparado e ciente de seu lugar na corporação não se vê ameaçado pela competição. Ao contrário, ele faz dela um trampolim para novas conquistas.

52
Rejeite a acomodação

*Não imitem o comportamento e os costumes deste
mundo, mas deixem que Deus os transforme por meio
de uma mudança em seu modo de pensar, a fim de que
experimentem a boa, agradável e perfeita
vontade de Deus para vocês.*
Romanos 12.2

Zona de conforto. Esse termo tem sido recorrente quando se fala sobre conformismo, e geralmente no contexto negativo. No ambiente profissional, estar na zona de conforto significa resignação, inércia, imobilidade. No início da caminhada profissional, tudo é dinâmico: há um esforço desmedido nos cursos e treinamentos, enorme proatividade nas tarefas, atenção total às novas oportunidades... Os desafios são muitos e são enfrentados com energia. A carreira, então, começa a deslanchar e, com o passar do tempo, vêm o cargo almejado, o salário melhor e a relativa estabilidade. É chegada a hora de relaxar e colher os frutos daquilo que se plantou e seguir adiante, certo? Nem sempre.

Muitos profissionais, após alguns anos na mesma empresa ou atividade, são tentados à acomodação. Se as coisas vão dando para o gasto, para que mudar? Porém, é exatamente aí que reside o perigo da estagnação, pois muitos preferem a segurança da rotina ao risco do novo. O apóstolo Paulo incentivava os primeiros cristãos a não se amoldarem aos padrões, estimulando-os à renovação constante.

Assim, pela mudança em seu modo de pensar, eles seriam levados a novas posturas motivadoras.

O conformismo é um grande entrave ao crescimento profissional. Como crescer, quando não se está aberto a novos desafios? Não que se deva aceitar as mudanças de imediato; porém, recusá-las sem uma análise cuidadosa apenas para não sair da zona de conforto é um erro que pode custar caro, pois algumas portas só se abrem uma vez.

O indivíduo conformista se condiciona a viver sem perspectivas de mudança. "É melhor pouco do que nada" ou "Prefiro segurar o que já tenho" são pensamentos recorrentes em épocas de crise. É comum encontrar profissionais mais interessados em garantir o que têm do que em subir novos degraus. Só que a ênfase na segurança, se exagerada, tem um efeito deletério, pois acaba paralisando o trabalhador. Em um mercado de trabalho cada vez mais saturado por gente que procura o próprio lugar ao sol, quem tem esse perfil corre o sério risco de ficar para trás, perdendo, aí sim, o que tem. E quem pode garantir, afinal de contas, que mais à frente o desemprego não vá chegar, mesmo que a opção tenha sido a de ficar onde estava?

Um profissional jamais deve deixar de ter objetivos, sonhos e ideais. Isso inclui, obviamente, a vida profissional. Olhe para sua carreira como uma longa jornada na qual, vez por outra, você pode mudar de direção. Ainda que você não tenha intenção de sair do seu negócio ou mudar de emprego, não feche os olhos para outras possibilidades, pois são elas que podem conduzi-lo a posições ainda melhores do que a que ocupa hoje. O mercado tem preferido trabalhadores versáteis, que encarem novas demandas de maneira positiva. Tanto que, nas entrevistas de emprego ou fichas de avaliação, é comum surgirem perguntas que questionam se o candidato aceitaria trabalhar em funções diferentes das do cargo pretendido e se estaria disposto a ser transferido para outras cidades. Quem responde "não" aos dois quesitos já sai em desvantagem.

O segredo, como recomenda Paulo, é manter o modo de pensar em constante renovação. Graças aos avanços das tecnologias de comunicação, há uma infinidade de estudos das mais diversas áreas do conhecimento disponíveis. Nunca foi tão fácil aprimorar o conhecimento por iniciativa própria. Além disso, há amplo acesso a informações sobre atividades profissionais diferentes da sua e que podem, quem sabe, ser desenvolvidas paralelamente ao seu trabalho atual. Se levar essas questões em consideração, você pode descortinar novos horizontes profissionais sem um rompimento abrupto.

Que tal, então, alavancar sua carreira profissional? Valorize sua experiência e suas conquistas, mas não se contente com elas. Sempre há o que aprender e novas estradas a trilhar.

Sobre os autores

odney Leandro Betetto é formado em Engenharia Agronômica pela Escola Superior de Agronomia de Paraguaçu Paulista (SP) e em Ciências Contábeis pela Pontifícia Universidade Católica (PUC) de Minas Gerais. Especializado em Administração Rural e em Gestão Financeira, atua como consultor interno na área de Custos e Orçamento na empresa COCAL. Pastor no Ministério de Louvor e Adoração El Shadday, Betetto é casado com Jussara e pai de Roger, Rosane e Gisely e avô de Felipe e Hugo.

arlos Fernandes é jornalista, editor e redator. Possui especialização em Jornalismo em Revista, pela Faculdade Cásper Líbero, de São Paulo (SP). Membro da Igreja Missionária Evangélica Maranata, no Rio de Janeiro (RJ), é casado com Jaqueline e pai de Bernardo.

Anotações

Compartilhe suas impressões de leitura escrevendo para:
opiniao-do-leitor@mundocristao.com.br
Acesse nosso *site*: www.mundocristao.com.br

Equipe MC:	Maurício Zágari (editor)
	Felipe Marques
	Natália Custódio
Diagramação:	Maquinaria Studio
Preparação:	Wilker de Sousa
Fonte:	Adobe Garamond Pro
Gráfica:	Imprensa da Fé
Papel:	Pólen Soft 70 g/m² (miolo)
	Cartão 250 g/m² (capa)